สวัสดีครับ　　สวัสดีค่ะ

싸왓디
기/초/태/국/어

저자 : 손 성 경

asianhub
(주)아시안허브

일 러 두 기

1. 동영상 강의와 함께 하면 최대의 학습 효과를 기대 할 수 있습니다.

2. 태국어 문장은 원칙적으로 단어 사이에 띄어쓰기를 하지 않으나 이 책에서는 초급 학습자를 위해 일부 문장에서 단어간 띄어쓰기를 적용했습니다.

3. [회화편]의 발음표기는 최대한 원음에 가깝게 표기했으나 언어 특성상 완벽히 동일한 발음이 될 수 없습니다. 따라서 한국어 발음표기에 의존하는 것보다 [발음편]의 태국어 자-모음 및 성조에 대한 이해를 바탕으로 발음을 연습해야 학습효과가 높아집니다.

4. 관습적으로 성조법과 다르게 발음하는 단어의 경우 관습법대로 표기 했습니다.

머 리 말

예부터 한국과 태국은 정치, 경제, 문화 등 다방면에서 우호적인 관계를 맺어 왔으며 특히 태국은 6.25전쟁 때 미국 다음으로 가장 많은 군사를 파견한 고마운 국가이기도 합니다. 현재는 한국 음악, 드라마, 화장품 등이 태국을 거점으로 동남아시아에서 많은 사랑을 받고 있어 그 어느때보다 경제적 교류가 활발해졌습니다. 최근 경제규모 세계 7위이며 한국의 상대교역국 2위인 ASEAN 공동체가 공식 출범함으로써 동남아시아는 강력한 신흥시장으로 주목받고 있습니다. 특히 태국은 지리적으로 동남아시아의 중심에 위치해 있어 지역적 허브로써의 입지는 더욱 공고해 질 것입니다. 이러한 흐름 속에서 태국어는 새로운 기회를 창출 하는 중요한 역할을 할 것이라 생각합니다.

이 책은 태국어를 처음 배우는 학습자가 혼자서도 쉽게 태국어에 접근 할 수 있도록 구성되었습니다. 자주 쓰는 회화문을 중심으로 어휘부터 문형까지 하나의 흐름으로 익힐 수 있어 단순히 실용회화에만 집중하는 것이 아니라 기초까지 탄탄하게 갖출 수 있도록 하였습니다. 또한 각 과 마다 연습문제가 있어 학습한 내용을 한번 더 확인 할 수 있게 해 반복학습을 유도했으며 문법적 설명에만 맞춰진 실생활에 사용하지 않는 어색한 태국어 문장은 실용적인 학습을 위해 모두 배제하였습니다.

이 책이 태국어에 첫 발을 내딛는 모든 학습자에게 좋은 길잡이가 되기 바라며, 아울러 이 책을 출판하는데 많은 지원을 해주신 아시안허브의 최진희 대표님과 최한별 씨께 깊은 감사를 드립니다.

저자 손성경 씀

contents
목 차

contents
목 차

이 책의 주요구성

태국어에서 사용하는 모든 음(자음, 모음, 성조)이 정리되어 있습니다. 발음은 한번 잘못 굳혀지면 고치기 어려운 만큼 회화 학습에 들어가기 앞서 태국어 발음을 숙지하는 것을 추천합니다.

II. 회화편

기본회화

기본 대화 패턴을 통해 실용적인 태국어 문장을 익힐 수 있습니다.

어휘 늘리기

각 과에서 배운 문형에 적용 할 수 있는 어휘를 정리하였습니다. 함께 외우면 표현의 범위가 확장됩니다.

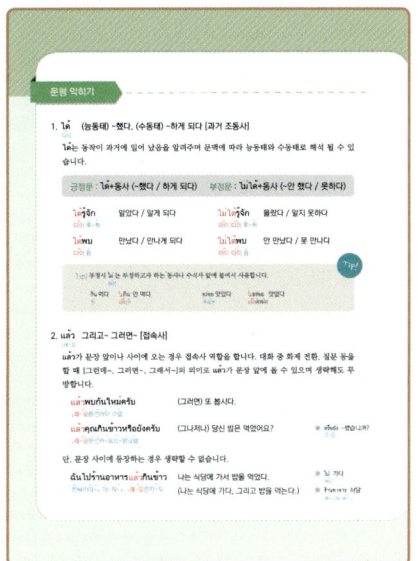

문형 익히기

초급 학습자에게 꼭 필요한 문법을 다양한 예문을 통해 설명하였습니다.

연습문제

각 과에서 학습한 문형을 연습해 보고 이해도를 확인 할 수 있습니다.

회화 복습하기

회화편 중반과 후반에 앞서 배운 회화패턴을 한번 더 복습 할 수 있도록 연습문제를 수록하였습니다.

III. 부 록

태국어 기초를 더욱 탄탄히 다질 수 있도록 시제에 관한 문법과 예문을 종합적으로 정리하였습니다.

I. 발음편

문자

태국어 문자의 특징

- 44자의 자음과 32자의 모음, 그리고 성조부호와 특수기호로 이루어져 있습니다.
- 태국어의 모든 음절은 `단음/장음, 그리고 5개의 성조로 명확히 구분되며 각각 전혀 다른 의미를 가지기 때문에 발음에 주의해야 합니다.

예 : คุณ [쿤] 당신　คูณ [쿠-ㄴ] 곱하기　ขุ่น [쿤] 탁한　คุ้น [쿤] 익숙한　ขุน [쿤] 통치자

1 자음 (44자, 음가 21개)

태국어 자음은 동음문자가 많기 때문에 이를 구별하기 위해 자음마다 음가와 단어로 구성된 명칭이 있습니다. 이 책에서는 일반적인 자음 배열을 무시하고 효율적인 학습을 위해 중자음, 고자음, 저자음 순으로 배열했습니다. 자음 분류는 태국어 글자를 배울 때 성조법을 이해하기 위한 필수 조건입니다.

※ 회화에만 집중하고 싶은 학습자는 "초자음 음가표"만 참고하시기 바랍니다.

1. 중자음

순서	자음	명칭	명칭의 뜻 (흐리게 표기 된 단어는 현재 거의 사용하지 않는 고어(古語))	음가	
				초자음	종자음(받침)
1	ก	꺼- 까이	ไก่ 닭	ㄲ	ㄱ
2	จ	쩌- 짜-ㄴ	จาน 접시	ㅉ	ㅅ
3	ฎ	더- 차다-	ชฎา 무용관	ㄷ	ㅅ
4	ฏ	떠- 빠딱	ปฏัก 창	ㄸ	ㅅ
5	ด	더- 덱	เด็ก 아이	ㄷ	ㅅ
6	ต	떠- 따오	เต่า 거북이	ㄸ	ㅅ
7	บ	버- 바이마이	ใบไม้ 나뭇잎	ㅂ	ㅂ
8	ป	뻐- 쁠라-	ปลา 물고기	ㅃ	ㅂ
9	อ	어- 아-ㅇ	อ่าง 대야	ㅇ	–

014

2. 고자음

순서	자음	명칭	명칭의 뜻 (흐리게 표기 된 단어는 현재 거의 사용하지 않는 고어(古語))	음가	
				초자음	종자음(받침)
1	ข	커- 카이	ไข่ 알(달걀)	ㅋ	ㄱ
	ฃ	커- 쿠왓	ขวด 병	현재 사용하지 않음	
2	ฉ	처- 칭	ฉิ่ง 태국 악기	ㅊ	-
3	ฐ	터- 타-ㄴ	ฐาน 단	ㅌ	ㅅ
4	ถ	터- 퉁	ถุง 봉지	ㅌ	ㅅ
5	ผ	퍼- 픙	ผึ้ง 벌	ㅍ	-
6	ฝ	F훠- F화-	ฝา 뚜껑	F	-
7	ศ	써- 싸-ㄴ라-	ศาลา 정자	ㅆ	ㅅ
8	ษ	써- R르-씨-	ฤาษี 고행자	ㅆ	ㅅ
9	ส	써- 쓰-아	เสือ 호랑이	ㅆ	ㅅ
10	ห	허- 히-ㅂ	หีบ 함	ㅎ	-

3. 저자음

순서	자음	명칭	명칭의 뜻 (흐리게 표기 된 단어는 현재 거의 사용하지 않는 고어(古語))	음가	
				초자음	종자음(받침)
1	ค	커- 콰-이	ควาย 물소	ㅋ	ㄱ
	ฅ	커- 콘	คน 사람	현재 사용하지 않음	
2	ฆ	커- R라캉	ระฆัง 종	ㅋ	ㄱ
3	ง	ㅇ어- ㅇ우-	งู 뱀	ng	ㅇ
4	ช	처- 차-ㅇ	ช้าง 코끼리	ㅊ	ㅅ
5	ซ	써- 쏘-	โซ่ 쇠사슬	ㅆ	ㅅ
6	ฌ	처- 츠ㅓ-	เฌอ 나무	ㅊ	ㅅ
7	ญ	여- 잉	หญิง 여자	Y	ㄴ
8	ฑ	터- 몬토-	มณโฑ 여자 이름	ㅌ	ㅅ

순서	자음	명칭	명칭의 뜻 (흐리게 표기 된 단어는 현재 거의 사용하지 않는 고어(古語))	음가	
				초자음	종자음(받침)
9	ฒ	터–푸–타오	ผู้เฒ่า 노인	ㅌ	ㅅ
10	ณ	너–네–ㄴ	เณร 동자승	ㄴ	ㄴ
11	ท	터–타하–ㄴ	ทหาร 군인	ㅌ	ㅅ
12	ธ	터–통	ธง 깃발	ㅌ	ㅅ
13	น	너–누–	หนู 쥐	ㄴ	ㄴ
14	พ	퍼–파–ㄴ	พาน 태국식 쟁반	ㅍ	ㅂ
15	ฟ	F훠–F환	ฟัน 이빨	F	ㅂ
16	ภ	퍼–쌈파오	สำเภา 돛단배	ㅍ	ㅂ
17	ม	머–마–	ม้า 말(馬)	ㅁ	ㅁ
18	ย	여–약	ยักษ์ 도깨비	Y	(이)
19	ร	러–르–아	เรือ 배	R ㄹ	ㄴ
20	ล	ㄴ러–ㄴ링	ลิง 원숭이	ㄴㄹ	ㄴ
21	ว	워–왜–ㄴ	แหวน 반지	W	(오)
22	ฬ	ㄴ러–쭈ㄴ라–	จุฬา 연이름	ㄴㄹ	ㄴ
23	ฮ	허–녹후–ㄱ	นกฮูก 부엉이	ㅎ	–

นกฮูก

초자음 음가표

순서	음 가	자 음	순서	음 가	자 음
1	ㄲ	ก	12	ㅃ	ป
2	ㅋ	ข ค ฅ (ฆ ค)	13	ㅍ	พ ภ ผ
3	ng	ง	14	F	ฟ ฝ
4	ㅉ	จ	15	ㅁ	ม
5	ㅊ	ช ฌ ฉ	16	Y	ญ ย
6	ㅆ	ซ ส ศ ษ	17	R ㄹ	ร (ฤ ฤๅ)
7	ㄷ (D)	ด ฎ	18	L ㄹ	ล ฬ (ฦ ฦๅ)
8	ㄸ	ต ฏ	19	W	ว
9	ㅌ	ท ธ ฑ ฒ ถ ฐ	20	ㅎ	ห ฮ
10	ㄴ	น ณ	21	O	อ
11	ㅂ (B)	บ			

설 명

1. 3번의 ง는 "응어"에서 '으'를 생략하고 "ㅇ어"만 발음하는 느낌으로 연습해보세요.
2. 7번의 ด ฎ는 "ㄷ"과 유사하나 영어의 "D" 발음에 가깝습니다.
3. 11번의 บ는 "ㅂ"과 유사하나 영어의 "B" 발음에 가깝습니다.
4. 17번의 ร는 "모래, 파랑"의 "ㄹ"발음과 유사하며
   18번의 ล ฬ는 "몰래, 팔랑"의 "ㄹ" 발음과 유사합니다.
5. 17, 18번의 ฤ ฤๅ ฦ ฦๅ는 자음과 유사한 성격을 가진 특수모음입니다.

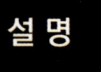

2 모음 (32자)

태국어 모음은 단모음과 장모음으로 나뉩니다. 모음의 상하좌우에 있는 기호 "-"는 자음문자의 위치 표시입니다. 일부 모음은 종자음(받침)과 결합 할 때 형태가 변형되니 함께 숙지합시다.

순서	단모음 [변형]	발 음	장모음 [변형]	발 음
1	-ะ [-ั]	아	-า	아-
2	-ิ	이	-ี	이-
3	-ึ	으	-ือ [-ื]	으-
4	-ุ	우	-ู	우-
5	เ-ะ [เ-็]	에	เ-	에-
6	แ-ะ [แ-็]	애	แ-	애-
7	โ-ะ [-]	오	โ-	오-
8	เ-าะ [-็อ]	어	-อ	어-
9	เ-อะ	으어	เ-อ [เ-ิ/เ-ิน]	으어-
10	เ-ียะ	이야	เ-ีย	이-야
11	เ-ือะ	으아	เ-ือ	으-아
12	-ัวะ	우와	-ัว [-ว]	우-와
13	-ำ	암		
14	ไ-	아이		
15	ใ-	아이	-ำ ไ ใ เ-า 는 단모음으로 발음하나
16	เ-า	아오	성조법상에는 장모음으로 간주
17	ฤ	ᴿ르 (리, 르ㅓ)	ฤๅ	ᴿ르-
18	ฦ	ㄴ르	ฦๅ	ㄴ르-

설 명

1. 5번의 เ-ะ와 เ-는 "에"와 발음이 유사하나 6번의 แ-ะ와 แ-는 "애"보다 입모양을 더 넓게 벌려서 발음해야 합니다. (영어 man, fan의 모음발음과 유사)

2. 9번의 เ-อะ와 เ-อ는 "으"와 "어"의 중간 발음입니다. (영어 girl, turn의 모음발음과 유사)

3. 17, 18번의 ฤ ฤๅ ฦ ฦๅ는 자음을 동반하지 않으며 단독으로 발음되는 특수모음입니다. ฤ를 제외한 ฤๅ ฦ ฦๅ는 현재 거의 사용하지 않는 모음입니다.

3 성 조

태국어에서 성조는 자음/모음과 함께 음절을 구성하는 매우 중요한 요소입니다.
성조는 음의 고저(높낮이)만 표현하며 음의 장단 및 강세를 규정짓지 않습니다.

태국어에는 총 5개의 성조가 있으며 발음을 도표로 표현하면 다음과 같습니다.

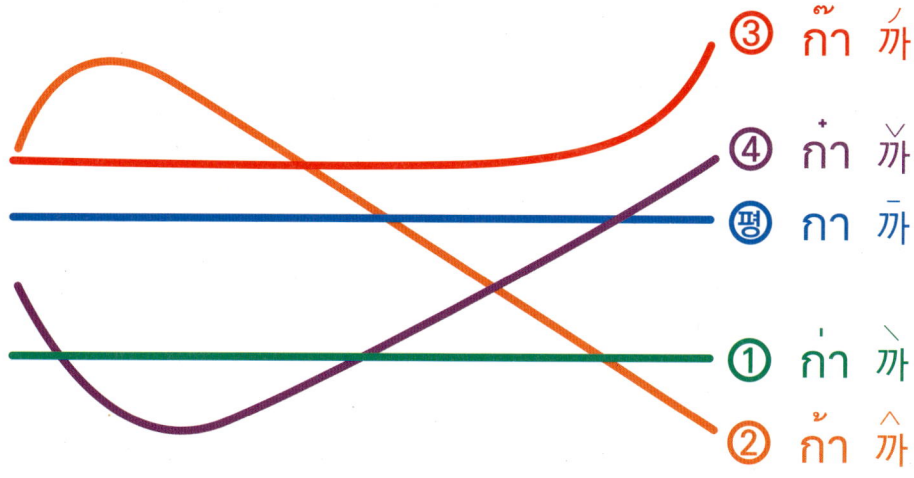

성조 [표기]	발음 시작점	높낮이 변화
평성 [–]	보통 톤	거의 없음
1성 [\]	낮은 톤	거의 없음
2성 [∧]	높은 톤	끝음을 살짝 내림
3성 [/]	약간 높은 톤	음을 위로 끌어올리듯 발음
4성 [∨]	약간 낮은 톤	끝음을 살짝 올림

이로써 태국어에서 사용하는 음을 모두 살펴 보았습니다.
온라인 강의 [발음편]을 참고하시면 보다 정확한 발음연습이 가능합니다.

II. 회 화 편

태국어 특징 알아두기

1. 어순의 중요성 —

태국어 낱말은 복잡한 어형 변화 없이 항상 동일한 형태를 유지합니다. 그렇기 때문에 문장 구조는 단어의 단순한 배열 형식을 띄며 단어의 위치에 따라 문법적인 기능이 달라지므로 어순이 매우 중요한 역할을 합니다.

기본 문장 구조   주어(S) + 서술어(V) + (목적어(O))

ฉัน กิน ข้าว   나는 밥을 먹다
찬   낀   카-오

주어와 목적어의 위치가 바뀌면 의미도 달라집니다.

ข้าว กิน ฉัน   밥은 나를 먹다
카-오 낀   찬

2. 시제 표현 —

태국어는 시제를 나타내는 조동사와 부사어를 사용해 시제를 표현 합니다. 문장 속에 시제를 나타내는 조동사나 부사어가 없는 불확정 시제는 같은 문장이라도 상황, 문맥에 따라 다르게 해석 될 수 있습니다.

ไป กิน ข้าว   밥을 먹으러 가다.
빠이 낀 카-오

จะ ไป กิน ข้าว   밥을 먹으러 갈 것이다.
짜 빠이 낀 카-오

3. 수식사 (꾸미는 말)

태국어는 어형 변화가 없는 특성상 형용사와 부사의 구분이 큰 의미가 없으며 모두 수식사의 범주에 속합니다. 태국어는 수식하는 단어가 뒤로 오는 것이 특징입니다.

- 명사+수식사   **ข้าวอร่อย**   밥 / 맛있다 (맛있는 밥)
  카̂오 아러̀이
- 동사+수식사   **กินอร่อย**   먹다 / 맛있다 (맛있게 먹다)
  낀 아러̀이
- 수식사+수식사   **อร่อยมาก**   맛있다 / 많다 (매우 맛있다)
  아러̀이 마̂ㄱ

4. 성별 구분

태국어에서 성별을 구분하는 경우는 다음과 같습니다.

- 나를 지칭할 때   여성 1인칭 : **ดิฉัน** = 저
  (1인칭 대명사)   디찬̀

                   남성 1인칭 : **ผม** = 저, 나
                        폼̌

- 존댓말을 사용할 때   화자, 즉 말하는 사람을 기준으로 남성인 경우 문장 끝에 **ครับ**,
                                              크랍́

                     여성인 경우 평서문에는 **ค่ะ**, 의문문에는 **คะ**를 붙여줍니다.
                                          카̂   카́

ขอบคุณ	고마워.	**ขอบคุณค่ะ/ครับ**	고맙습니다.
커̀ㅂ쿤		커̀ㅂ쿤카̂/크랍́	
ไปไหน	어디 가?	**ไปไหนคะ/ครับ**	어디 가십니까?
빠이나이̌		빠이나이̌카́/크랍́	

다음 단어를 태국어 어순에 맞게 나열해보세요.

1. 나 **ผม** / 집에서 **ที่บ้าน** / 일하다 **ทำงาน**
   쏨   티-바-ㄴ   탐응아-ㄴ

   나는 집에서 일한다. → _____

2. 아빠 **คุณพ่อ** / 나 **ฉัน** / 사랑한다 **รัก**
   쿤퍼-   찬   락

   아빠는 나를 사랑한다. → _____

3. 엄마 **คุณแม่** / 맛있다 **อร่อย** / 요리한다 **ทำอาหาร**
   쿤매-   아러이   탐 아-하-ㄴ

   엄마는 요리를 맛있게 한다. → _____

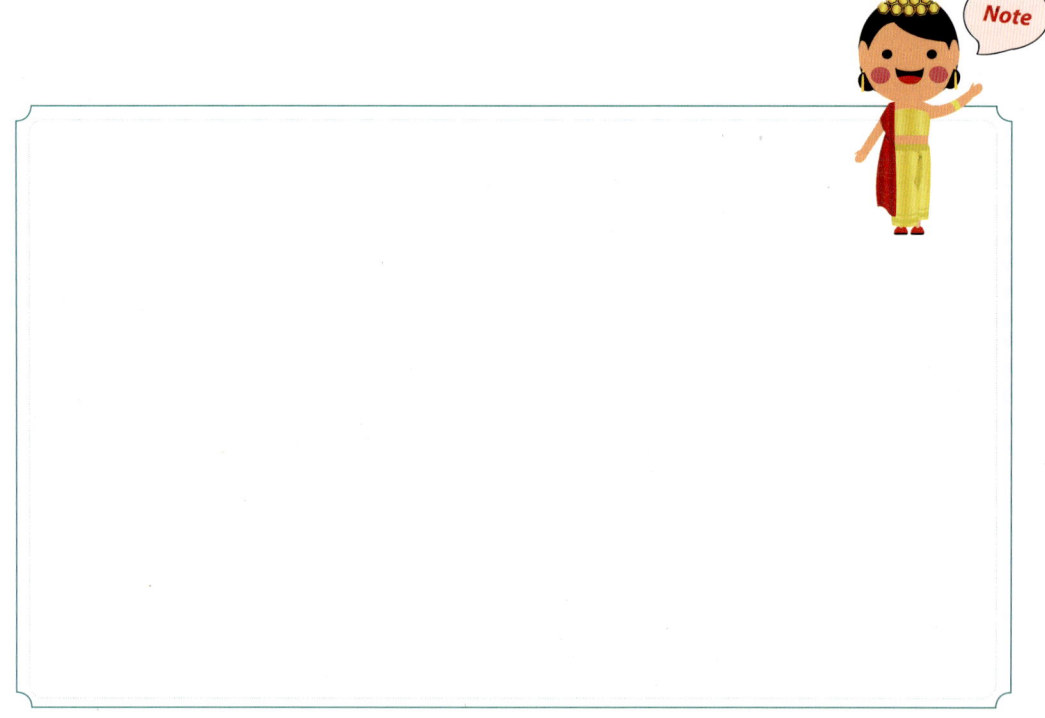

PART I

제1과 안녕하세요 สวัสดี
싸왓디-

A สวัสดี ครับ
싸왓디- 크랍
안녕하세요.

B สวัสดี ค่ะ
싸왓디- 카
안녕하세요.

A ยินดี ที่ได้รู้จัก ครับ
ᵥ인디- 티-다이루-짝 크랍
만나서 반갑습니다.

B ยินดี ที่ได้รู้จัก เช่นกัน ค่ะ
ᵥ인디- 티-다이루-짝 첸-ㄴ깐 카
저도 만나서 반갑습니다.

A (แล้ว) พบกันใหม่ ครับ
(ㄹ래-오) 폽깐마이 크랍
(그럼) 또 만나요.

B สวัสดี ค่ะ
싸왓디- 카
안녕히 가세요/계세요.

단어정리

สวัสดี 싸왓디-	안녕	ยินดี ᵥ인디-	기쁘다	ที่ 티-	(관계대명사) (부록 참조)
ได้ 다이	1. 과거조동사 2. 가능하다	รู้จัก 루-짝	알다	เช่นกัน 첸-ㄴ깐	마찬가지다
แล้ว ㄹ래-오	1. 그러면 2. 완료조동사	พบกัน 폽깐	만나다	ใหม่ 마이	다시, 새로운
ครับ/ค่ะ 크랍/카	~요 (존칭)				

어휘 늘리기

 다양한 인사

สวัสดี 싸왓디-	안녕하세요, 안녕히가세요/계세요*
อรุณสวัสดิ์ 아룬싸왓	좋은 아침입니다
ขอบคุณ 커-ㅂ쿤	감사합니다
ขอโทษ 커-토-ㅅ	미안합니다, 실례합니다

* 태국어에는 헤어질 때 "안녕히 가세요, 안녕히 계세요"와 같은 구분이 없습니다.

 작별 인사 การบอกลา
까-ㄴ버-ㄱ라-

บ๊ายบาย 바-이바-이	잘가요 (어른에게는 사용하지 않음)
ลาก่อน ㄹ라-꺼-ㄴ	안녕히 가세요/계세요
ขอตัวก่อน(นะ) 커-뚜와꺼-ㄴ(나)	먼저 실례하겠습니다
(แล้ว)พบกันใหม่ (ㄹ래-오)폽깐마이	(그럼) 또 만나요
(ขอให้)โชคดี (커-하이)초-ㄱ디-	행운을 (빌어요)
หลับฝันดี ㄹ랍환디-	좋은 꿈 꾸세요
ราตรีสวัสดิ์ 라-뜨리-싸왓	안녕히 주무세요

Tip!

인사 예절
태국 사람은 인사할 때 가슴 앞이나 코 밑에 합장한 손을 대고 고개나 허리를 숙이며 인사
합니다. 이러한 인사법을 ไหว้ 라고 하며 일반적으로 허리를 45도 정도 숙여서 인사합니다.
와-이

1. ได้ (능동태) ~했다, (수동태) ~하게 되다 [과거 조동사]
다^이

ได้는 동작이 과거에 일어 났음을 알려주며 문맥에 따라 능동태와 수동태로 해석 될 수 있습니다.

> 긍정문 : ได้+동사 (~했다 / 하게 되다)   부정문 : ไม่ได้+동사 (~안 했다 / 못하다)

ได้รู้จัก 다^이 루-짝	알았다 / 알게 되다	ไม่ได้รู้จัก 마^이 다^이 루-짝	몰랐다 / 알지 못하다
ได้พบ 다^이 폽	만났다 / 만나게 되다	ไม่ได้พบ 마^이 다^이 폽	안 만났다 / 못 만나다

부정사 ไม่ 는 부정하고자 하는 동사나 수식사 앞에 붙여서 사용합니다.
마^이

| กิน 먹다
낀 | ไม่กิน 안 먹다
마^이낀 | | อร่อย 맛있다
아러이 | ไม่อร่อย 맛없다
마^이아러이 |

Tip!

2. แล้ว 그리고~ 그러면~ [접속사]
ㄹ래-오

แล้ว가 문장 앞이나 사이에 오는 경우 접속사 역할을 합니다. 대화 중 화제 전환, 질문 등을 할 때 [그런데~, 그러면~, 그래서~]의 의미로 แล้ว가 문장 앞에 올 수 있으며 생략해도 무방합니다.

แล้วพบกันใหม่ครับ   (그러면) 또 봅시다.
ㄹ래-오폽깐마이 크랍

แล้วคุณกินข้าวหรือยังครับ   (그나저나) 당신 밥은 먹었어요?
ㄹ래-오쿤낀카^오르-양크랍   ※ หรือยัง ~했습니까?
                                                                        르-양

단, 문장 사이에 등장하는 경우 생략할 수 없습니다.

ฉันไปร้านอาหารแล้วกินข้าว   나는 식당에 가서 밥을 먹었다.   ※ ไป 가다
찬빠이라-ㄴ아-하-ㄴ ㄹ래-오낀카^오   빠이
                            (나는 식당에 가다, 그리고 밥을 먹는다.)   ※ ร้านอาหาร 식당
                                                                        라-ㄴ아-하-ㄴ

I ได้ 와 ไม่ได้ 를 사용해 다음 문장을 과거형 긍정문과 부정문으로 바꿔보세요.
다이   마이 다이

1. ฉัน กิน ข้าว   나 / 먹다 / 밥
찬 낀 카^오

→ (긍정문) _____   (부정문) _____

2. หมอ รักษา คนไข้   의사 / 치료하다 / 환자
머- 락싸- 콘카^이

→ (긍정문) _____   (부정문) _____

3. คุณ เรียน ภาษาไทย   당신 / 배우다 / 태국어
쿤 리-얀 파-싸-타이

→ (긍정문) _____   (부정문) _____

4. เขา ไป ประเทศไทย   그 / 가다 / 태국
카오 빠이 쁘라테-ㅅ타이

→ (긍정문) _____   (부정문) _____

II 빈칸을 해석에 맞게 채워보세요. (ได้   ไม่   แล้ว)
다이   마이   ㄴ래-오

1. ภาษาไทย_____ยาก 태국어 / 어렵다   → 태국어는 안어렵다.
파-싸-타이   야^ㄱ

2. กิน ข้าว_____ไป ทำงาน 밥 / 먹다 / 가다 / 일하다   → 밥을 먹고 일하러 가다.
낀 카^오   빠이 탐응아-ㄴ   (밥을 먹다, 그리고 일하러 가다)

3. ฉัน_____พบ เขา เมื่อวาน 나 / 만나다 / 그 / 어제   → 나는 어제 그를 만났다.
찬   폽 카오 므-아와-ㄴ

4. ผม_____ไป กิน ข้าว 나 / 가다 / 먹다 / 밥   → 나는 밥을 먹으러 가지 않았다.
폼   빠이 낀 카^오

029

제2과 당신은 누구십니까? **คุณเป็นใคร**
쿤뻰크라이

A ผม ชื่อ ซอนแท คิม ครับ
폼 츠- 써-ㄴ태- 킴 크랍

제 이름은 김선태입니다.

ผม คุณ ชื่อ อะไร ครับ
쿤 츠- 아라이 크랍

당신의 이름은 무엇입니까?

B ดิฉัน ชื่อ จันทรา
디찬 츠- 짠타라-

제 이름은 짠타라,

ชื่อเล่น ชื่อ กิฟท์ ค่ะ
츠-ㄴ렌 츠- 낍 카

별명은 낍입니다.

A คุณ มาจาก ประเทศ อะไร ครับ
쿤 마-짜-ㄱ 쁘라테-ㅅ 아라이 크랍

당신은 어느 나라에서 왔습니까?

B ดิฉัน มาจาก ประเทศไทย ค่ะ
디찬 마-짜-ㄱ 쁘라테-ㅅ타이 카

저는 태국에서 왔습니다.

คุณ เป็น คน ประเทศ อะไร คะ
쿤 뻰 콘 쁘라테-ㅅ 아라이 카

당신은 어느 나라 사람인가요?

A ผม เป็น คนเกาหลี ครับ
폼 뻰 콘까오리- 크랍

저는 한국 사람입니다.

단어정리

ผม 폼	나, 저 (남성 일인칭)	ดิฉัน 디찬	저 (여성 일인칭)	คุณ 쿤	당신, ~씨
อะไร 아라이	무엇	มา 마-	오다	จาก 짜-ㄱ	~에서 ~로부터
ชื่อเล่น 츠-ㄴ렌	별명	เกาหลี 까오리-	한국	เป็น 뻰	~이다

ชื่อ 츠-	이름
ประเทศ 쁘라테-ㅅ	국가
คน 콘	사람

어휘 늘리기

 국가

ประเทศ	쁘라테-ㅅ	국가	คน	콘	사람
ประเทศเกาหลี	쁘라테-ㅅ까오ㄹ리-	한국	คนเกาหลี	콘까오ㄹ리-	한국인
ประเทศไทย	쁘라테-ㅅ타이	태국	คนไทย	콘타이	태국인
ประเทศจีน	쁘라테-ㅅ찌-ㄴ	중국	คนจีน	콘찌-ㄴ	중국인
ประเทศญี่ปุ่น	쁘라테-ㅅ이-뿐	일본	คนญี่ปุ่น	콘이-뿐	일본인
ประเทศอเมริกา	쁘라테-ㅅ아메-ㄹ리까-	미국	คนอเมริกา	콘아메-ㄹ리까-	미국인
ประเทศรัสเซีย	쁘라테-ㅅ랏씨-아	러시아	คนรัสเซีย	콘랏씨-아	러시아인
ประเทศฝรั่งเศษ	쁘라테-ㅅ화랑쎄-ㅅ	프랑스	คนฝรั่งเศษ	콘화랑쎄-ㅅ	프랑스인
ประเทศลาว	쁘라테-ㅅ라-오	라오스	คนลาว	콘라-오	라오스인
ประเทศพม่า	쁘라테-ㅅ파마-	미얀마	คนพม่า	콘파마-	미얀마인

태국인의 이름과 별명

태국 이름은 이름[ชื่อ]이 앞에 오고, 성[นามสกุล]이 뒤로 옵니다. 상대를 부를 때 성은 사용하지 않습니다.

예) พรทิพย์ ทองแก้ว (이름) (성)
파-ㄴ팁 터-ㅇ깨-오

태국 이름은 대부분 길고 부르기 어렵기 때문에 일상생활에서는 1~2음절로 편하게 부를 수 있는 별칭[ชื่อเล่น]을 사용
합니다. 별칭은 본명[ชื่อจริง]에서 한 글자를 따오는 경우가 많으며 직장이나 학교에서도 제 2의 이름과 같이 사용합
니다. 격식있는 자리가 아닌 경우 태국인들은 통성명 할 때 성은 생략하고 이름과 별칭을 주고받거나 아예 별칭만 얘
기하기도 합니다.

A คุณ ทำงาน อะไร ครับ
쿤 탐응아ー∟ 아라이 크랍

당신은 무슨 일을 합니까?

B ดิฉัน เป็น คุณครู ค่ะ
디찬 뻰 쿤크루ー 카

저는 선생님입니다.

คุณ ล่ะ คะ
쿤 라 카

당신은요?

A ผม ก็ เป็น คุณครู ครับ
폼 꺼 뻰 쿤크루ー 크랍

저도 선생님이에요.

A คุณ อายุ เท่าไร ครับ
쿤 아ー유 타오라이 크랍

당신은 나이가 어떻게 됩니까?

B ดิฉัน อายุ ๓๐ปี ค่ะ
디찬 아ー유 싸ー□씹삐ー 카

저는 30살입니다.

คุณ ล่ะ คะ
쿤 라 카

당신은요?

คุณ อายุ กี่ปี คะ
쿤 아ー유 끼ー삐ー 카

당신은 몇 살입니까?

A ผม ก็ อายุ ๓๐ปี ครับ
폼 꺼 아ー유 싸ー□씹삐ー 크랍

저도 30살입니다.

단어정리

คุณครู 쿤크루ー	선생님	ทำ 탐	하다	งาน 응아ー∟	일	ทำงาน 탐응아ー∟	일하다
ล่ะ 라	(어조사) 는/은?	ก็ 꺼	~도	อายุ 아ー유	나이	เท่าไร 타오라이	얼마
กี่ 끼ー	몇	ปี 삐ー	~살/세, 년				

어휘 늘리기

 직업 **อาชีพ**
아-치-ㅂ

พนักงานบริษัท	파낙ง아-ㄴ버리삿	회사원	นักธุรกิจ	낙투라낏	사업가
ดีไซเนอร์	디-싸이느ㅓ-	디자이너	ข้าราชการ	카-라-차까-ㄴ	공무원
หมอ	머-	의사	ตำรวจ	땀루-왓	경찰
พยาบาล	파야-바-ㄴ	간호사	ทหาร	타하-ㄴ	군인
ทนายความ	타나-이쾀-ㅁ	변호사	คุณครู	쿤크루	선생님
นักเรียน	낙리-얀	학생	แม่บ้าน	매-바-ㄴ	주부

 숫자 **ตัวเลข**
뚜와ㄴ레-ㄱ

0 (๐)	1 (๑)	2 (๒)	3 (๓)	4 (๔)	5 (๕)
ศูนย์ 쑤-ㄴ	หนึ่ง 능	สอง 써-ㅇ	สาม 싸-ㅁ	สี่ 씨-	ห้า 하-
6 (๖)	7 (๗)	8 (๘)	9 (๙)	10	11
หก 혹	เจ็ด 쩻	แปด 빼-ㅅ	เก้า 까오	สิบ 씹	สิบเอ็ด 씹엣
12	20	30	100	200	1,000
สิบสอง 씹써-ㅇ	ยี่สิบ v이-씹	สามสิบ 싸-ㅁ씹	(หนึ่ง)ร้อย (능)러-이	สองร้อย 써-ㅇ러-이	(หนึ่ง)พัน (능)판
10,000	100,000	1,000,000	10,000,000	100,000,000 (억)	
(หนึ่ง)หมื่น (능)므-ㄴ	(หนึ่ง)แสน (능)쌔-ㄴ	(หนึ่ง)ล้าน (능)라-ㄴ	สิบล้าน 씹라-ㄴ	ร้อยล้าน 러-이라-ㄴ	

- 10이상의 숫자에서 일의 자리에 오는 1은 **หนึ่ง** 대신 **เอ็ด** 으로 발음합니다.
  능 엣

  (예: 51 **ห้าสิบเอ็ด**)
  하-씹엣
- 20의 2는 **สอง** 대신 **ยี่** 로 읽습니다. (예: 22 **ยี่สิบสอง**)
  써-ㅇ v이- v이-씹써-ㅇ
- 태국에서는 아라비아 숫자보다 태국 고유의 숫자를 더 보편적으로 사용합니다.

1. 인칭대명사

1인칭	ผม 폼	남	나, 저	พวกผม	우리/저희(남자들)
	ฉัน 찬	남 여	나, 저(남, 여 공용이긴 하나 남성은 잘 사용안함)	พวกฉัน (พวก)เรา	우리들 나, 우리(들)
	ดิฉัน 디찬	여	저(윗사람이나 초면인 사람에게 겸손하게)		
	หนู 누-	여아	저(성인 여성이 부모나 윗사람 에게 사용하기도 함)	พวกหนู	우리/저희(어린이들)
2인칭	เธอ 트ㅓ-		너	พวกเธอ	너희들
	คุณ 쿤		당신, ~씨	พวกคุณ	당신들
	ท่าน 타-ㄴ		(직위가 높은 사람에게) ~님	พวกท่าน ทุกท่าน	여러분들 여러분, 모든 사람
3인칭	มัน 만		그것(동물, 사물), 그놈(사람)	พวกมัน	그것들, 그놈들
	เขา 카오		그	พวกเขา	그들
	เธอ 트ㅓ-		그녀	พวกเธอ	그녀들
	ท่าน 타-ㄴ		그분	พวกท่าน	그분들

※ พวก ~들, 무리   ※ ทุก ~모든
  푸-왁   툭

▶ 실생활에서 ฉัน [찬]과 ดิฉัน [디찬]은 성조법과 다르게 [찬], [디찬])으로 발음하는 경우가 많습니다.

▶ เรา [라오]는 실생활에서 1인칭 단-복수, 남-여 공용으로 사용할 수 있는 특수한 인칭대명사입니다.

Tip!

2. เป็น ~이다 [계동사]
   뻰

A เป็น B =   A 는 B 다

ซอนแทเป็นคนเกาหลี   선태는 한국 사람이다.
써-ㄴ태- 뻰 콘까오리-

เธอเป็นคุณแม่ของฉัน   그녀는 나의 엄마다.
트ㅓ- 뻰 쿤매- 커-ㅇ 찬

3. 의문사

ใคร 누가 크라이	อะไร 무엇, 무슨 아라이	เมื่อไร 언제 므-아라이	อย่างไร 어떻게 야-ㅇ라이	ทำไม 왜 탐마이
ไหน 어느, 어떤 나이	ที่ไหน 어디 티-나이	กี่ 몇 끼-	เท่าไร 얼마 타오라이	

※ ที่เท่าไร 몇 번째
티-타오라이

문장 형태를 그대로 유지한 체 문중의 각 위치에 의문사를 대입하여 의문문을 만들 수 있습니다.

คุณชื่ออะไร 당신의 이름은 무엇입니까? → **ผมชื่อคิม** 제 이름은 킴입니다.
쿤 츠- 아라이   폼 츠- 킴

ใครทำอะไร 누가 무엇을 합니까? → **เขาทำอาหาร** 그가 음식을 합니다.
크라이 탐 아라이   카오 탐 아-하-ㄴ

4. ละ [어조사]
_라

태국어에는 다양한 어조사가 존재하며 문장 끝에 붙어 감정을 표현하거나 문장의 어감을 바꿔주는 역할을 합니다. 어조사는 감칠맛 나는 태국어를 구사하기 위해 필수적이나 종류 및 쓰임새가 매우 다양하니 하나씩 차근차근 익히도록 합시다.

> 주어 + ละ = ~는(은)?

เขาละ 그는?
카오_라

ประเทศไทยละ 태국은?
쁘라테-ㅅ타이_라

5. ก็ ~도 [접속사]
_꺼

> 주어 + ก็ = ~도, 또한, 역시

ผมก็ยินดี 나도 기쁘다.
폼꺼-ㄱ인디-

นี่ก็แพง 이것도 비싸다.
니-꺼-패-ㅇ

I 다음 문장에 알맞는 인칭대명사를 넣어주세요.

1. 그는 너를 좋아한다.　　　　　＿＿＿＿＿ ชอบ ＿＿＿＿＿
   처-ㅂ

2. 그들은 그분의 친구다.　　　　＿＿＿＿＿ เป็นเพื่อนของ ＿＿＿＿＿
   뻰프-안커-ㅇ

3. 우리는 태국사람이다.　　　　　＿＿＿＿＿ เป็นคนไทย
   뻰콘타이

4. 우리들은 맛있는 밥을 먹는다.　＿＿＿＿＿ กินข้าวอร่อย
   낀카-오아러이

II 다음 숫자를 읽어보세요.

1. 45 ＿＿＿＿＿＿＿＿＿＿　　2. 98 ＿＿＿＿＿＿＿＿＿＿

3. 121 ＿＿＿＿＿＿＿＿＿＿　　4. 777 ＿＿＿＿＿＿＿＿＿＿

5. 3,100 ＿＿＿＿＿＿＿＿＿　　6. 10,021 ＿＿＿＿＿＿＿＿

III 가로 안에 있는 내용으로 다음 질문에 대답해보세요.

1. เขาชื่ออะไร　　　→　＿＿＿＿＿＿＿＿＿＿＿＿＿ (그/이지현)
   카오 츠- 아라이

2. จีฮยอนอายุเท่าไร　　→　＿＿＿＿＿＿＿＿＿＿＿＿＿ (21 세)
   찌-혀-ㄴ 아-유 타오라이

3. ใครเรียนอะไร　　→　＿＿＿＿＿＿＿＿＿＿＿＿＿ (우리들/태국어)　※ เรียน 배우다
   크라이 리-얀 아라이　　　　　　　　　　　　　　　　　　　　　리-얀

　　　　　　　　　　　　　　　　　　　　　　　　　　　　　　※ ภาษา 언어
　　　　　　　　　　　　　　　　　　　　　　　　　　　　　　　파-싸-

4. ท่านไปไหน　　→　＿＿＿＿＿＿＿＿＿＿＿＿＿ (미국)
   타-ㄴ 빠이 나이

Ⅳ 다음 문장을 의문문으로 바꿔보세요.

1. 저는 지금 일하고 있습니다. → 당신은 지금 <u>무엇을</u> 하고 있습니까?
   ผม กำลัง ทำงาน →
   폼 깜ㄹ랑 탐응아-ㄴ _____

2. 나는 <u>3</u>개 먹었다. → 너는 몇 개 먹었어?
   ฉัน กิน 3 อัน →
   찬 낀 싸-ㅁ 안 _____

3. 저희들은 <u>가게에</u> 있습니다. → 당신들은 <u>어디에</u> 있습니까?
   พวกเรา อยู่ <u>ที่ร้าน</u> →
   푸-왁라오 유- 티-라-ㄴ _____

4. 밥 → 밥은요?
   ข้าว →
   카-오 _____

5. 나의 책 → 당신의 책은요?
   หนังสือ ของ ฉัน →
   낭쓰- 커-ㅇ 찬 _____

Ⅴ 다음 문장을 작성한 후 ก็ 를 사용해 문장을 바꿔보세요.

1. 나는 간다. → 나도 간다.   ※ 간다 ไป
   _____   _____   빠이

2. 그는 좋은 사람이다. → 그도 좋은 사람이다.   ※ 좋은 사람 คนดี
   _____   _____   콘디-

3. 그들은 태국어를 잘한다. → 그들도 태국어를 잘한다. ※ 태국어를 잘한다
   _____   _____   พูดภาษาไทยเก่ง
                                            푸-ㅅ파-싸-타이껭

제3과 안녕하십니까? สบายดีไหม
싸바-이디- 마이

A สวัสดี ครับ คุณกิฟท์
싸왓디- 크랍 쿤낍
안녕하세요, 낍 씨.

พบกัน อีกแล้ว นะครับ
폽깐 이-ㄱ래우-오 나크랍
또 만났네요?

B คุณซอนแท สวัสดี ค่ะ
쿤 써-ㄴ태- 싸왓디- 카
선태 씨, 안녕하세요.

ไม่ได้ พบกันนาน นะคะ
마이다이 폽깐나-ㄴ 나카
오랜만입니다.

A สบายดี ไหม ครับ
싸바-이디- 마이 크랍
잘 지내셨나요?

B ดิฉัน สบายดี ค่ะ
디찬 싸바-이디- 카
저는 잘 지냈습니다.

คุณ ซอนแท ล่ะ คะ
쿤 써-ㄴ태-ㄹ라 카
선태 씨는요?

A ผม สบายดีมาก ครับ
폼 싸바-이디-마-ㄱ 크랍
저는 매우 잘 지냈습니다.

คุณพ่อ คุณแม่ ก็ สบายดี ใช่ไหม ครับ
쿤퍼- 쿤매- 꺼 싸바-이디- 차이마이 크랍
부모님도 안녕하시지요?

คุณพ่อ
아버지

B คุณพ่อ คุณแม่ ก็ สบายดี ค่ะ
쿤퍼- 쿤매- 꺼 싸바-이디- 카
부모님도 안녕하십니다.

단어정리

อีก 이-ㄱ	더	นะ 나	(어조사)	สบายดี 싸바-이디-	평안하다, 잘 지내다	ใช่ 차이	맞다
ไหม 마이	~입니까?	ไม่ 마이	(부정사)	นาน 나-ㄴ	오래	ใช่ไหม 차이마이	~맞지요?
คุณพ่อ 쿤퍼-	아버지	คุณแม่ 쿤매-	어머니	มาก 마-ㄱ	많다		

038

어휘 늘리기

 안부인사

สบายดีไหม	싸바-이디- 마이	잘 지냈습니까?
เป็นอย่างไร	뻰야-ㅇ라이	어떻습니까?
สบายดี	싸바-이디-	잘 지냅니다
ไม่ค่อยสบาย	마이커이싸바-이	별로 안 좋습니다
ไม่สบาย	마이싸바-이	안 좋습니다 / 아픕니다

 호명 할 때

คุณ 쿤	당신, 저기요!	คุณ(ครับ/ค่ะ)
คุณ + 이름	~씨	คุณซอนแท(ครับ/ค่ะ) 선태 씨
พี่ 피-	형, 오빠, 언니, 누나!	พี่(ครับ/ค่ะ)
พี่ + 이름	~형, 오빠, 언니, 누나	พี่ซอนแท(ครับ/ค่ะ) 선태 형/오빠 พี่กิฟท์(ครับ/ค่ะ) 낍 누나/언니
น้อง 너-ㅇ	동생!	น้อง(ครับ/ค่ะ)
น้อง + 이름	~어린이, ~동생, ~야	น้องซอนแท(ครับ/ค่ะ) 선태 동생, 선태야

 관계

คุณพ่อ 쿤퍼-	คุณแม่ 쿤매-	พี่ 피-	พี่ชาย 피차-이	พี่สาว 피-싸-오
아버지	어머니	형/오빠/누나/언니	형/오빠	누나/언니
ญาติ 야-ㅅ	เพื่อน 프-안	น้อง 너-ㅇ	น้องชาย 너-ㅇ차-이	น้องสาว 너-ㅇ싸-오
친척	친구	동생	남동생	여동생

039

1. **แล้ว** ~했다 [완료 조동사]
   ㄴ래-오

[접속사] **แล้ว**와 달리, [완료 조동사] **แล้ว**는 동사나 형용사 뒤에 위치하며 동작이나 상태가 완료 되었음을 의미합니다.

| 동사 + (목적어) + **แล้ว** = ~했다 | **ไม่** + 동사 + (목적어) + **แล้ว** = (더 이상) ~않는다 |

เขา(ไม่)ไปแล้ว   그는 갔다. (가지 않는다.)
카오 (마이) 빠이 ㄴ래-오

→ 동작이 이미 완료된 상태임을 표현합니다.
   단, 부정사를 붙이면 미래에 같은 동작이 더 이상 발생하지 않음을 의미합니다.

เขา(ไม่)ได้ไป   그는 갔었다. (안 갔었다.)
카오 (마이) 다이 빠이

→ 과거에 동작이 일어났거나 일어나지 않았음을 표현합니다.

อีกแล้ว = 또
이-ㄱ래-오

(ไม่)ไปอีกแล้ว   또 가다. (더 이상 가지 않는다.)
(마이) 빠이 이-ㄱ래-오

Note

2. 의문 조사

어순 변화 없이 문장 뒤에 의문 조사를 붙여 의문문을 만들 수 있습니다.

ไหม 마ㅣ	~입니까?	상대방의 의사를 묻거나 질문에 대한 대답을 원할 때	주로 동사나 수식사로 대답
หรือเปล่า* 르-쁠라오 * หรือไม่ 의 구어체 르-마ㅣ	~아닙니까?		
หรือ 르-	~입니까?	질문하는 내용의 사실여부를 확인하려 할 때	주로 네/아니요로 대답
ใช่ไหม 차ㅣ마ㅣ	~맞습니까?		

ไปกินข้าวไหม　　밥을 먹으러 갑니까? (의사를 묻는 질문)
빠ㅣ낀카-오마ㅣ

ไปกินข้าวหรือเปล่า　밥을 먹으러 가지 않겠습니까?
빠ㅣ낀카-오르-쁠라오

ไป	ไม่ไป
빠ㅣ	마ㅣ빠ㅣ
갑니다	안 갑니다

ไปกินข้าวหรือ　　밥을 먹으러 갑니까? (사실여부를 확인하는 질문)
빠ㅣ낀카-오르-

ไปกินข้าวใช่ไหม　밥을 먹으러 가는 것이 맞지요?
빠ㅣ낀카-오차ㅣ마ㅣ

ใช่	ไม่ใช่
차ㅣ	마ㅣ차ㅣ
맞습니다	아닙니다

I 완료 조동사 **แล้ว**를 활용해 다음 문장을 완료형 문장으로 만들어 주세요.

1. เขา มา อีก ครับ   그 / 오다 / 다시
   카오 마- 이-ㄱ 크랍
   _____

2. ผม ทาน อาหารไทย   나 / 먹다 / 태국음식
   폼 타-ㄴ 아-하-ㄴ타이
   _____

3. คุณโบว์ ไป ประเทศเกาหลี   보 씨 / 가다 / 한국
   쿤보- 빠이 쁘라테-ㅅ까오ㄹ리-
   _____

4. พบกัน อีก   만나다 / 다시
   폽깐 이-ㄱ
   _____

II 다음 문장에 사용할 수 있는 의문조사를 모두 선택해보세요.

① ไหม	② หรือเปล่า	③ หรือ	④ ใช่ไหม
마이	ㄹ-쁠라오	ㄹ-	차이마이

1. **Q** เขาเป็นคนไทย _____   그는 태국사람이다.
   카오 뻰 콘타이

   A ใช่ เขาเป็นคนไทย   맞다. 그는 태국사람이다.
   ไม่ใช่ เขาไม่ใช่คนไทย   아니다. 그는 태국사람이 아니다.

2. **Q** ซอนแทไม่ใช่คุณครู _____   선태는 선생님이 아니다.
   써-ㄴ태- 마이차이 쿤크루

   A ใช่ ซอนแทไม่ใช่คุณครู   맞다. 선태는 선생님이 아니다.
   ไม่ใช่ ซอนแทเป็นคุณครู   아니다. 선태는 선생님이다.

3. **Q** อาหารอร่อย_____   음식이 맛있다.
   아-하-ㄴ 아러이

   A อร่อย   맛있다.
   ไม่อร่อย   맛이 없다.

제4과 날씨가 좋습니다 อากาศดี

아-까-ㅅ디-

A วันนี้ อากาศ เป็นอย่างไร ครับ — 오늘 날씨가 어떻습니까?
완니- 아-까-ㅅ 뻰 야-ㅇ라이 크랍
ดีไหม ครับ — 좋습니까?
디-마이 크랍

B ไม่ค่อย ดี ค่ะ — 별로 좋지 않습니다.
마이커-이 디- 카
อากาศ ร้อนมาก ค่ะ — 날씨가 매우 덥습니다.
아-까-ㅅ 러-ㄴ마-ㄱ 카

A ตอนนี้ ฝนตก ใช่ไหม ครับ — 지금 비가 오는 거지요?
떠-ㄴ니- ㅍ혼똑 차이마이 크랍

B ใช่ค่ะ ตอนนี้ เริ่มตก นิดหน่อย แล้ว ค่ะ — 네, 지금 조금씩 오기 시작했어요.
차이카 떠-ㄴ니- 르ㅓ-ㅁ똑 닛너-이 ㄹ래-오 카
อย่าลืม ร่ม นะคะ — 우산 잊지 마세요.
야-ㄹ르-ㅁ 롬 나카

A ครับ ขอบคุณ ครับ — 네. 감사합니다.
크랍 커-ㅂ쿤 크랍

단어정리

วันนี้ 완니-	오늘	อากาศ 아-까-ㅅ	날씨	ดี 디-	좋다	ไม่ค่อย 마이커-이	별로
ร้อน 러-ㄴ	덥다	มาก 마-ㄱ	많다	ตอนนี้ 떠-ㄴ니-	지금	ฝน ㅍ혼	비
ตก 똑	떨어지다	เริ่ม 르ㅓ-ㅁ	시작하다	นิดหน่อย 닛너-이	조금, 약간	อย่า 야-	~하지 마세요
ลืม ㄹ르-ㅁ	잊다, 깜빡하다	ร่ม 롬	우산				

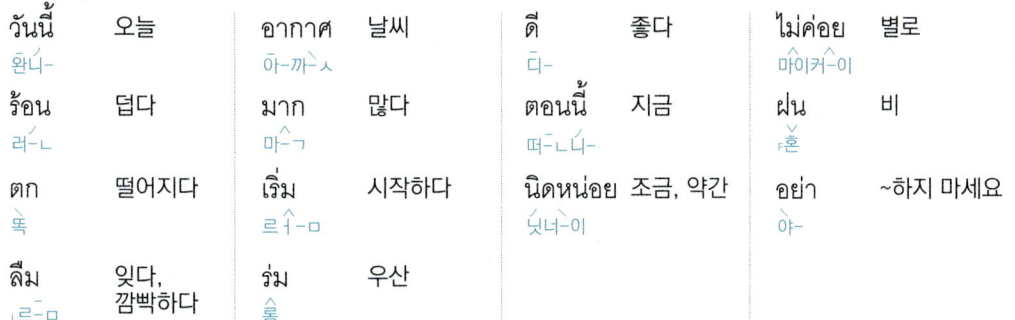

อบอุ่น 따뜻하다	ร้อน 덥다	เย็น 시원하다	หนาว 춥다
옵운	러-ㄴ	옌	나-오

ฝนตก 비가 오다　หิมะตก 눈이 오다　ลมพัด 바람이 불다　แดดออก 해가 뜨다
ㄹ혼 똑　　　　　　히마 똑　　　　　ㄴ롬 팟　　　　　대-ㅅ 어-ㄱ

 정도 부사

		อากาศดี 날씨가 좋다 아-까-ㅅ디-	ฝนตก 비가 오다 ㄹ혼 똑
~(มาก)ที่สุด 티-쑷	최고, (가장 많이)	อากาศดีที่สุด	ฝนตกมากที่สุด
~มาก 마-ㄱ	많이	อากาศดีมาก	ฝนตกมาก
~นิดหน่อย 닛너-이	약간	อากาศดีนิดหน่อย	ฝนตกนิดหน่อย
ไม่ค่อย~ 마이커-이	별로	อากาศไม่ค่อยดี	ฝนไม่ค่อยตก
ไม่~เลย 마이~ㄹ르ㅓ-이	전혀	อากาศไม่ดีเลย	ฝนไม่ตกเลย

 시간 부사

ตอนนี้ 떠-ㄴ니-	지금	ช่วงนี้ 추왕니-	요즘	เมื่อก่อน 므-아꺼-ㄴ	예전		
วันนี้ 완니-	오늘	เมื่อวาน(นี้) 므-아와-ㄴ(니-)	어제	พรุ่งนี้ 프룽니-	내일	มะรืนนี้ 마르-ㄴ니-	모레
อาทิตย์นี้ 아-팃니-	이번 주	อาทิตย์ที่แล้ว 아-팃티-ㄹ래-오	지난 주	อาทิตย์หน้า 아-팃나-	다음 주	※ อาทิตย์ 은 สัปดาห์ 로 아-팃 쌉다- 대체 할 수 있습니다.	
เดือนนี้ 드-안니-	이번 달	เดือนที่แล้ว 드-안티-ㄹ래-오	지난 달	เดือนหน้า 드-안나-	다음달		
ปีนี้ 삐-니-	올해	ปีที่แล้ว 삐-티-ㄹ래-오	작년	ปีหน้า 삐-나-	내년		

1. **เป็นอย่างไร** 어떻습니까?
เป็นอย่างไร 는 안부를 묻거나 진행상황 등을 물을 때 사용합니다.

เขาเป็นอย่างไร 그는 어떻습니까?　　**ช่วงนี้งานเป็นอย่างไร** 요즘 일은 어떻습니까?

2. **เริ่ม+동사** ~을 시작하다

พี่เมย์เริ่มเรียนภาษาไทยแล้ว 메이 누나(언니)는 태국어를 배우기 시작했다. ※ เรียน 배우다

3. **อย่า+동사** ~하지 마세요

คุณอย่าไป 당신, 가지 마.　　**อย่าลืมกินข้าวนะ** 잊지 말고 밥 챙겨 먹어.

4. **นะ** [어조사]

นะ 는 제일 많이 사용하는 어조사 중 하나입니다. 문장 후미에 오며 애원, 강제, 동의, 의지, 권유, 의문 등을 표현하거나 강조해줍니다. 또는 특별한 의미 없이 문장의 어감을 부드럽고 상냥하게 만들어 주는 역할을 합니다.

ขอบคุณนะครับ 고마워요　　**ไปนะ** 가자

กินข้าวนะ 밥 먹어　　**อะไรนะ** 뭐라고?

I 정도 부사를 활용해 다음 문장을 바꿔보세요.

	งานยุ่ง 일이 바쁘다 응아ㄴ융	พูดเก่ง 말을 잘한다 푸ㅅ껭	ภาษาไทยยาก 태국어는 어렵다 파싸타이야ㄱ
1. 최고	_____	_____	_____
2. 많이	_____	_____	_____
3. 약간	_____	_____	_____
4. 별로	_____	_____	_____
5. 전혀	_____	_____	_____

II 다음 낱말을 사용해 문장을 작성해보세요.

1. ทุกคน / ทำงาน   모두 일을 시작합니다.
   툭콘 / 탐응아ㄴ
   → _____

2. พรุ่งนี้ / สาย 늦다, 지각하다   내일 늦지 마세요.
   프룽니 / 싸이
   → _____

3. คุณแม่   어머니는 어떻습니까?
   쿤매
   → _____

4. มา 오다 / เร็วๆ 빨리   빨리 오세요. (부드럽게)
   마 / 레오레오
   → _____

PART II

제5과 며칠입니까? วันที่เท่าไร
วันที่- ทาโอราอิ

A วันนี้ เป็น วันที่ เท่าไร ครับ
완니- 뻰 완티- 타오라이 크랍
오늘은 며칠입니까?

B วันนี้ เป็น วันที่ 8 กันยายน ค่ะ
완니- 뻰 완티- 빼-ㅅ 깐야-욘 카
오늘은 9월 8일입니다.

A พรุ่งนี้ เป็น วันอะไร ครับ
프룽니- 뻰 완아라이 크랍
내일은 무슨 요일/날입니까?

B พรุ่งนี้ เป็น วันจันทร์ ค่ะ
프룽니- 뻰 완짠 카
내일은 월요일입니다.

A พรุ่งนี้ เป็น วันเกิด ใช่ไหม ครับ
프룽니- 뻰 완끄ㅓ-ㅅ 차이마이 크랍
내일은 생일이지요?

B ไม่ใช่ ค่ะ
마이차이 카
아닙니다.

วันจันทร์หน้า เป็น วันเกิด ค่ะ
완짠나- 뻰 완끄ㅓ-ㅅ 카
다음주 월요일이 생일입니다.

ดิฉัน เกิด วันที่ 16 กันยา ค่ะ
디찬 끄ㅓ-ㅅ 완티- 씹혹 깐야- 카
제 생일은 9월 16일입니다.

단어정리

วัน	날, 일	วันที่	날짜	วันจันทร์	월요일	กันยายน	9월
완		완티-		완짠		깐야-욘	
วันเกิด	생일	หน้า	1. 얼굴				
완끄ㅓ-ㅅ		나-	2. 앞				

달, 월 **เดือน**
드ᅳ안

1월	เดือนมกราคม 드ᅳ안마까라ᅳ콤	5월	เดือนพฤษภาคม 드ᅳ안프릇싸파ᅳ콤	9월	เดือนกันยายน 드ᅳ안깐야ᅳ욘
2월	เดือนกุมภาพันธ์ 드ᅳ안꿈파ᅳ판	6월	เดือนมิถุนายน 드ᅳ안미투나ᅳ욘	10월	เดือนตุลาคม 드ᅳ안뚜너라ᅳ콤
3월	เดือนมีนาคม 드ᅳ안미ᅳ나ᅳ콤	7월	เดือนกรกฎาคม 드ᅳ안까라까다ᅳ콤	11월	เดือนพฤศจิกายน 드ᅳ안프릇싸찌까ᅳ욘
4월	เดือนเมษายน 드ᅳ안메ᅳ싸ᅳ욘	8월	เดือนสิงหาคม 드ᅳ안씽하ᅳ콤	12월	เดือนธันวาคม 드ᅳ안탄와ᅳ콤

* 30일인 달은 **ยน** 으로 끝나고 31일인 달은 **คม** 으로 끝나는 것이 특징입니다.
욘   콤

** 회화에서는 **เดือน** 과 끝음절(**คม ยน**)을 생략하는 경우도 있습니다. 예) 1월 **มกรา**
드ᅳ안   마까라ᅳ

 날, 일 **วัน**
완

월요일	화요일	수요일	목요일	금요일	토요일	일요일
วันจันทร์ 완짠	วันอังคาร 완앙카ᅳㄴ	วันพุธ 완풋	วันพฤหัสบดี 완파르핫싸버디ᅳ	วันศุกร์ 완쑥	วันเสาร์ 완싸오	วันอาทิตย์ 완아ᅳ팃

 기념일 **วันที่ระลึก**
완티ᅳ라늑

생일	วันเกิด 완끄ᅥᆺ	아버지 날	วันพ่อ 완퍼ᅳ	어머니 날	วันแม่ 완매ᅳ
크리스마스	วันคริสต์มาส 완크릿마ᅳᆺ	어린이 날	วันเด็ก 완덱	공휴일	วันหยุดราชการ 완윳라ᅳ차까ᅳㄴ
새해	วันปีใหม่ 완삐ᅳ마이	송크란 (태국 설)	วันสงกรานต์ 완쏭끄라ᅳㄴ	중국 정월	วันตรุษจีน 완뜨룻찌ᅳㄴ

태국의 어버이날은 아버지 날과 어머니 날로 나뉘어 있으며
각각 국왕의 생일인 12월 5일과 왕비의 생일인 8월 12일에 기념합니다. 한국에서 카네이션을 선물하는 것과 같이
아버지 날에는 노란색 칸나꽃(ดอกพุทธรักษา)을, 어머니 날에는 하얀색 쟈스민(ดอกมะลิ)을 선물합니다.
더ᅳㄱ풋타락싸ᅳ   더ᅳㄱ마리

1. 날짜 말하기

태국에서는 날짜를 일-월-년 순으로 표기하며 연도를 읽는 방법은 두 가지가 있습니다.

2015년 5월 5일　→　**วันที่ 5 เดือนพฤษภาคม ปี 2015**
완티-하- 드-안프릇싸파-콤 삐- 써-ㅇ판씹하-
써-ㅇ쑤-ㄴ능하-

* 태국은 서력 (**ค.ศ.**)보다 불력 (**พ.ศ.**)을 더 많이 사용합니다. (서력에 543을 더하면 불력이 됩니다.)
커-써-　　파-써-
예) **ค.ศ. 2015** → **พ.ศ. 2558**

2. ที่ ~번째, 제~ [서수사]
티-

$$ ที่ + 수사(숫자) = 서수사 $$

ปีที่หนึ่ง 1학년, 제1년, 첫번째 해　　　**วันที่สอง** 2일, 2일째, 제2일
삐-티-능　　　　　　　　　　　　　　완티-써-ㅇ

คนที่สาม 세 번째 사람
콘티-싸-ㅁ

3. 지시대명사

นี่ 이, 이것	**นั่น** 그, 그것	**โน่น** 저, 저것
니-	난	노-ㄴ
ที่นี่ 여기, 이곳	**ที่นั่น** 거기, 그곳	**ที่โน่น** 저기, 저곳
티-니-	티-난	티-노-ㄴ

※ ที่ = ~에 [전치사]

지시대명사가 다른 단어와 결합해 형용사로써 기능할 때에는 3성으로 발음합니다.

예) **วันนี้** 오늘, 이 날　　**วันนั้น** 그 날　　**วันโน้น** 그 날 (오래된)
완니-　　　　　　　　완난-　　　　　　　　완노-ㄴ

I 날짜를 태국어로 읽어보세요.

1. 1999년 3월 15일 _____

2. 8월 3일 _____

3. 4월 21일 월요일 _____

II 서수사를 활용해 다음 문장을 완성해보세요.

1. ปีนี้เป็น _____ → 올해가 <u>5번째 해</u> 입니다.
   삐니-뺀

2. คุณเป็นลูก _____ → 당신은 몇 번째 자식입니까?   ※ ลูก 자식
   쿤뺀르-ㄱ   르-ㄱ

3. ไปยุโรป _____ → 유럽에 <u>두 번째</u> 간다.   ※ ยุโรป 유럽   ※ ครั้ง 시기, 때
   빠이유로-ㅂ   유로-ㅂ   크랑

III 다음 문장에 알맞는 지시대명사 또는 지시형용사를 사용하고 문장을 해석해보세요.

1. วัน _____ เป็นวันสงกรานต์ 오늘 → _____
   완   뺀완쏭끄라-ㄴ

2. คุณเคยไป _____ หรือเปล่า 그곳 → _____
   쿤크ㅓ-이빠이   르-쁠라오
                                                    ※ เคย ~한 적이 있다
                                                       크ㅓ-이

3. ฉันรู้จัก _____ 저사람 → _____
   찬루-짝

제6과 지금 몇 시입니까? ตอนนี้กี่โมง
떠-ㄴ니-끼-모-ㅇ

A	ตอนนี้ กี่โมง (แล้ว) ครับ 떠-ㄴ니- 끼-모-ㅇ (ㄹ래-오) 크랍	지금 몇 시입니까?
B	ตอนนี้ หกโมงเย็น (แล้ว) ค่ะ 떠-ㄴ니- 혹모-ㅇ옌 (ㄹ래-오) 카	지금 저녁 6시입니다.
A	คุณกิฟท์ จะกลับบ้าน เมื่อไร ครับ 쿤낍 짜끌랍바-ㄴ 므-아라이 크랍	낍 씨, 집에 언제 가실 겁니까?
B	ดิฉัน จะไป ตอนหนึ่งทุ่ม ค่ะ 디찬 짜 빠이 떠-ㄴ 능툼 카	저는 저녁 7시에 갈 겁니다.
A	ใช้เวลา (ถึงบ้าน) กี่นาที ครับ 차이 외-ㄹ라- (틍바-ㄴ) 끼-나-티- 크랍	(집까지) 몇 분 걸립니까?
B	ใช้เวลา (ถึงบ้าน) ประมาณ ครึ่งชั่วโมง ค่ะ 차이 외-ㄹ라- (틍바-ㄴ) 쁘라마-ㄴ 크릉추아모-ㅇ 카	(집까지) 30분 정도 걸립니다.

* "집에 가다" 등 거주지로 돌아간다는 표현은 동사 [ไป 가다] 대신 [กลับ 뒤집다, 돌리다]를 사용합니다.

단어정리

โมงเย็น 모-ㅇ옌	~시 (저녁 4~6시)	ไป 빠이	가다	เวลา 외-ㄹ라-	시, 시간	ครึ่ง 크릉	반
จะ 짜	~할 것이다	ตอน 떠-ㄴ	때	ถึง 틍	도착하다, ~까지, ~에서	ชั่วโมง 추아모-ㅇ	시간
กลับ 끌랍	뒤집다, 돌리다	ทุ่ม 툼	~시 (저녁 7~11시)	ประมาณ 쁘라마-ㄴ	대략, 약	นาที 나-티-	분
บ้าน 바-ㄴ	집	ใช้ 차이	사용하다				

052

시간

시	분	초	시간	시계, 시
โมง 모-ㅇ	นาที 나-티-	วินาที 위나-티-	ชั่วโมง 추아모-ㅇ	นาฬิกา 나-ㄹ리까-

	เช้า 아침 차오	เที่ยง 정오 티-양	บ่าย 오후 바-이	เย็น 초저녁 옌	กลางคืน 밤 끌라-ㅇ 크-ㄴ
ตอน 때(시간) 떠-ㄴ	ตอนเช้า	ตอนเที่ยง	ตอนบ่าย	ตอนเย็น	ตอนกลางคืน
ช่วง 기간 추-왕	ช่วงเช้า	ช่วงเที่ยง	ช่วงบ่าย	ช่วงเย็น	ช่วงกลางคืน

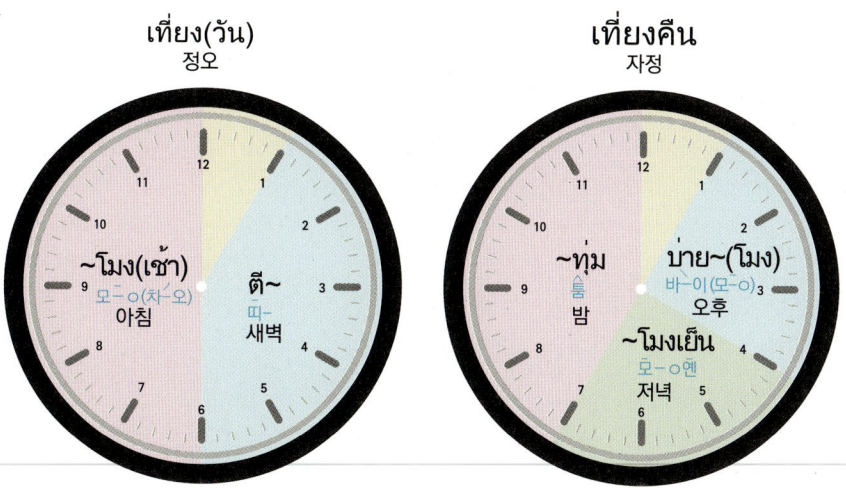

한국에서 시간에 오전/오후를 붙여 낮밤을 구분하듯이 태국에서는 ตี, โมง(เช้า),
띠- 모-ㅇ(차-오)
บ่าย, โมงเย็น, ทุ่ม 을 붙여서 시간을 구분합니다.
바-이 모-ㅇ옌 툼
과거에 태국은 하루의 시간을 4등분하여 표시 했었습니다. 현재도 그러한 관습이 남아
저녁 7~11시를 1~5시로 부르며 일부 태국인들은 오전 7~11시 역시 1~5시로 부르고
있습니다.

문형 익히기

1. 시간 말하기

01:00 ~ 05:00	→	ตี~ 띠-	ตีหนึ่ง ~ ตีห้า
06:00 ~ 11:00	→	~โมง(เช้า) 모-ㅇ(차-오)	หกโมง(เช้า) ~ สิบเอ็ดโมง(เช้า) หนึ่งโมงเช้า ~ ห้าโมงเช้า
12:00	→	เที่ยง(วัน) 티-양(완)	เที่ยง(วัน)
13:00 ~ 15:00	→	บ่าย~(โมง) 바-이 (모-ㅇ)	บ่ายหนึ่ง(โมง) ~ บ่ายสาม(โมง)
16:00 ~ 18:00	→	~โมงเย็น 모-ㅇ옌	สี่โมงเย็น ~ หกโมงเย็น
19:00 ~ 23:00	→	~ทุ่ม 툼	หนึ่งทุ่ม ~ ห้าทุ่ม
24:00	→	เที่ยงคืน 티-양크-ㄴ	เที่ยงคืน

* 30분은 **ครึ่ง** [반]이라고 합니다.
크릉

** 뉴스, 방송 등 공적인 자리에서 시간을 말할 때는 **โมง** 대신 **นาฬิกา**를 사용합니다.
예) 21:30 (이십일시 삼십분) = **ยี่สิบเอ็ดนาฬิกาสามสิบนาที**
이씹엣나-ㄹ리까-싸-ㅁ씹나-티-

2. จะ   ~할 것이다 [미래 조동사]
짜

จะ는 동작 또는 상태가 미래에 일어날 것임을 표현하는 조동사로 본동사 앞에 위치합니다.

ฉันจะไปตลาดพรุ่งนี้   나는 내일 시장에 갈 것이다.   ※ ตลาด 시장
찬짜빠이따라-ㅅ프룽니-   따라-ㅅ

ตลาดจะปิดตอนห้าโมง   시장은 5시에 닫을 것이다.   ※ ปิด 닫다, 폐쇄하다
따라-ㅅ짜삣떠-ㄴ하-모-ㅇ   삣

3. ถึง   도착하다 [동사] ~까지, ~(때가)되다 [전치사]
틍

ไป [가다], **มา** [오다] 등 움직임을 나타내는 동사와 함께 오는 경우 **ถึง**은 조동사 역할을 합니다.

คุณไปถึงบ้านหรือยัง   당신, 집에 도착했습니까?   ※ ยัง 아직
쿤빠이틍바-ㄴ르-양   양

ถึงเวลากลับบ้านแล้ว   집에 갈 시간이 됐다.
틍웨라-끌랍바-ㄴ래-오

I 다음 시간을 숫자로 표기해보세요.

> 예) สามทุ่มยี่สิบนาที   →   21:20
> 싸-ㅁ툼ᵧ이-씹나-티-

1. ตีสองครึ่ง   → _____
   띠-써-ㅇ크릉

2. หกโมงสี่สิบห้านาที   → _____
   혹모-ㅇ씨-씹하-나-티-

3. บ่ายสามโมงสิบสองนาที   → _____
   바-이싸-ㅁ모-ㅇ씹써-ㅇ나-티-

4. ยี่สิบเอ็ดนาฬิกาห้านาที   → _____
   ᵧ이-씹엣-나ᵧ리까-하-나-티-

II 다음 시간을 읽어보세요.

1. 12:00 _____   2. 05:33 _____

3. 23:01 _____   4. 16:11 _____

5. 14:30 _____

III 다음 문장을 태국어로 작성해보세요.

1. 나는 내년에 태국에 갈 것입니다.   → ปีหน้า _____ _____ _____ _____
                                          삐-나-

2. 당신은 언제 도착할 예정입니까?   → _____ _____ มาถึง _____
                                               마-틍

3. 김 씨는 선생님이 될 것입니다.   → _____ _____ เป็น _____
                                              뻰

4. 우리는 다시 만날 것입니다.   → _____ _____ พบกัน _____
                                              폽깐

제7과 무엇을 좋아합니까? ชอบอะไร
첩아라이

A งานอดิเรก ของคุณ คือ อะไร ครับ
응아-ㄴ아디레-ㄱ 커-ㅇ쿤 크- 아라이 크랍

당신의 취미는 무엇입니까?

B งานอดิเรก ของดิฉัน คือ การฟังเพลง ค่ะ
응아-ㄴ아디레-ㄱ 커-ㅇ디찬 크- 까-ㄴF황플레-ㅇ 카

저의 취미는 음악감상입니다.

คุณ ชอบ ทำอะไร คะ
쿤 처-ㅂ 탐아라이 카

당신은 무엇을 즐겨 하십니까?

A ผม ชอบ ดูหนัง ครับ
폼 처-ㅂ 두-낭 크랍

저는 영화 보는 것을 좋아합니다.

A คุณ ชอบ หนัง ประเภทไหน ครับ
쿤 처-ㅂ 낭 쁘라페-ㅅ 나이 크랍

어떤 영화를 좋아합니까?

B ดิฉัน ชอบ หนังโรแมนติก ค่ะ
디찬 처-ㅂ 낭로-매-ㄴ띡 카

저는 로맨틱 영화를 좋아합니다.

A วันเสาร์หน้า ไปดูหนัง กับผม ไหม ครับ
완싸오나- 빠이두-낭 깝폼 마이 크랍

다음주 토요일에 저랑 영화 보러 가시겠습니까?

B ยินดี ค่ะ
ᵧ인디- 카

좋아요.

어휘 늘리기

 취미

관련 동사	งานอดิเรก 취미 응아-ㄴ아디레-ㄱ		ประเภท 종류 쁘라페-ㅅ	
เล่น 하다 ㄴ렌 (스포츠)	กีฬา 스포츠 끼-ㄹ라- กอล์ฟ 골프 꺼-ㅂ	ฟุตบอล 축구 F훗버-ㄴ ว่ายน้ำ 수영 와-이남		
เล่น 놀다 ㄴ렌	คอมพิวเตอร์ 컴퓨터 컴피우뜨ㅓ-	เกม 게임 게-ㅁ		
ขี่ 타다 키-	จักรยาน 자전거 짝끄라야-ㄴ	ม้า 말 마-		
ดู 보다 두-	หนัง 영화 낭 การแสดง 연극 까-ㄴ싸대-ㅇ	ละคร 극 ㄴ라커-ㄴ	ตลก 개그(맨), 웃긴 딸-록 ผี 귀신 피-	แอ็กชั่น 액션 액찬 โรแมนติก 로맨틱 로-매-ㄴ띡
อ่าน 읽다 아-ㄴ เขียน 쓰다 키-얀	หนังสือ 책 낭쓰- หนังสือพิมพ์ 신문 낭쓰-핌		สารคดี 교양 싸-라카디- การ์ตูน 만화 까-뚜-ㄴ	นวนิยาย 소설 나와니야-이
ฟัง 듣다 F항 ร้อง 부르다 러-ㅇ	เพลง 음악 플레-ㅇ		บัลลาด 발라드 발라-ㅅ ป๊อป 팝 뻡	ลูกทุ่ง 태국식 트로트 ㄴ루-ㄱ퉁 แจ๊ส 재즈 째-ㅅ
ดื่ม 마시다 드-ㅁ	กาแฟ 커피 까-F홰- ชา 차 차-	เบียร์ 맥주 비-야 ไวน์ 와인 와-이		

1. 소유격 ของ   ~의 [전치사]
컹-ㅇ

> 소유물 + ของ + 소유자 = ~의

บ้านของ**ฉัน**   나의 집
바-ㄴ컹-ㅇ찬

เพลงของ**เธอ**น่าฟังมาก   그녀의 노래는 매우 좋다. (들을 가치가 있다)   ※ น่า ~할 가치가 있다
플레-ㅇ컹-ㅇ터-나-ㅏ황마-ㄱ   นà ~스럽다

* ของ 이 명사로 사용될 때는 [물건]이라는 의미를 갖습니다.

2. การ
까-ㄴ

> การ + 동사 = ~하는 것, ~하기 (동사를 명사화)

อ่าน   읽다   →   **การอ่าน**   읽기, 읽는 것
아-ㄴ   까-ㄴ아-ㄴ

อ่านหนังสือ   독서하다, 책을 읽다   →   **การอ่านหนังสือ**   독서, 책 읽기
아-ㄴ낭쓰-   까-ㄴ아-ㄴ낭쓰-

3. กับ   ~과(와), ~랑 [접속사]
깝

กับ 이 명사와 명사 사이에 위치하면 [~와(과)], 동사 뒤에 위치하면 [~와 함께, ~랑]의 의미를 갖습니다.

> A กับ B = A 와 B

ฉันชอบอ่านหนังสือกับ**ฟังเพลง**   나는 독서와 음악감상 하는 것을 좋아한다.
찬처-ㅂ아-ㄴ낭쓰-깝황플레-ㅇ

※ 유의어 : และ 그리고 [접속사]
              래

ชอบอ่านหนังสือและ**ฟังเพลง**   독서, 그리고 음악감상을 좋아한다.
처-ㅂ아-ㄴ낭쓰-래황플레-ㅇ

단, 아래와 같은 문형은 [~과(와)]형태로 올 수 없기 때문에 **กับ**을 사용할 수 없습니다.

ภาษาไทยง่ายและสนุก   태국어는 쉽고 재밌다.
파-싸-타이응아-이래싸눅

> 동사 + **กับ** + 함께하는 대상 = ~랑 (함께) ~을 하다

คุณพ่อจะไปดูหนังกับคุณแม่   아빠는 엄마랑 영화를 보러 가려고 한다.
쿤퍼-짜빠이두-낭깝쿤매-

연습 문제

I 다음 구절을 태국어로 작성해보세요.

1. 엄마의 자전거 _____   2. 나의 동생 _____

3. 오늘의 신문 _____   4. 누구의 것? _____

II 동사와 어울리는 명사를 짝지어 주세요.

1. พบ   •   • A. เพลง
   폽   플레-ㅇ

2. ดื่ม   •   • B. ภาษาไทย
   드-ㅁ   파-싸-타이

3. พูด   •   • C. คอมพิวเตอร์
   푸-ㅅ   컴피우뜨ㅓ-

4. ร้อง   •   • D. คนเกาหลี
   러-ㅇ   콘까오ㄹ리-

5. เล่น   •   • E. ไวน์
   ㄹ렌   와-이

III และ 또는 **กับ**을 사용해 빈칸을 채워 문장을 완성해보세요. (중복가능)

1. นี่เป็นของฉัน _____ นั่นเป็นของเธอ   2. คุณจะไป _____ ใคร
   니-뻰커-ㅇ찬   난-뻰커-ㅇ트ㅓ-   쿤짜빠이   크라이

3. เขาชอบเล่นฟุตบอล _____ กอล์ฟ   4. พวกเราเรียนภาษาไทย _____ คุณครู
   카오처-ㅂㄹ렌훗버-ㄴ   꺼-ㅂ   푸-왁라오리-얀파-싸-타이   쿤크루-

제8과 함께 갑시다   ไปด้วยกัน
빠이두와이깐

A วันศุกร์นี้ คุณ ว่าง ไหม ครับ
완쑥니- 쿤 와-ㅇ 마이 크랍

이번 주 금요일에 한가합니까?

B ว่างค่ะ ทำไม หรือ คะ
와-ㅇ카 탐마이 르- 카

한가합니다. 왜 그러시나요?

A ผม ต้อง ไปซื้อของ ที่ตลาดจตุจักร
폼 떵 빠이쓰-커-ㅇ 티- 따ㄹ라-ㅅ짜뚜짝

저는 짜뚜짝 시장에 물건을 사러 가야 합니다.

คุณ จะไป ด้วยกัน ไหม ครับ
쿤 짜빠이 두와이깐 마이 크랍

당신도 같이 가시겠습니까?

B ไปด้วย ค่ะ
빠이두와이 카

같이 가겠습니다.

A งั้น เจอกัน บ่ายสองโมง ที่สถานีรถไฟ ดีไหม ครับ
응안 쯔ㅓ-깐 바-이-써-ㅇ모-ㅇ 티-싸타-니- 롯ㆁ화이 디-마이 크랍

그럼 오후 2시에 전철역에서 보는 것이 어떻습니까?

B ดี ค่ะ
디- 카

좋아요.

A แล้ว เจอกัน นะ ครับ
ㄴ래-오 쯔ㅓ-깐 나 크랍

그럼 (그때) 봅시다.

단어정리

ว่าง 와-ㅇ	한가하다	ต้อง 떵	~해야 한다	ซื้อ 쓰	사다	ตลาดจตุจักร 짜뚜짝 시장 따ㄹ라-ㅅ 짜뚜짝	
ด้วย(กัน) 두와이(깐)	~도, 함께	งั้น 응안	그럴다면, 그럼	สถานี 싸타-니-	역, 정류장	รถไฟ 롯ㆁ화이	기차
ดี 디-	좋다	เจอ 쯔ㅓ-	만나다, 발견하다				

※ 유의어 : พบ
폽

060

ว่าง 와ー°ㅇ	한가하다(시간이 있다)	ยุ่ง 융	바쁘다
มีเวลา 미-웨-라-	시간이 있다	ไม่มีเวลา 마이미-웨-ㄴ라-	시간이 없다
ไม่มีงาน 마이미-응아-ㄴ	일이 없다	มีงาน 미-응아-ㄴ	일이 있다
ไม่มีนัด 마이미-낫	약속이 없다	มีนัด 미-낫	약속이 있다

 ## 장소 / 활동

장 소		활 동	
บ้าน 바ーㄴ	집	นอน 너ーㄴ	자다
โรงแรม 로-ㅇ래-ㅁ	호텔	พัก 팍	쉬다
บริษัท 버리쌋	회사	ทำงาน 탐응아-ㄴ	일하다
โรงเรียน 로-ㅇ리-얀	학교	เรียน 리-얀	공부하다
ร้าน 라ーㄴ	가게	ซื้อของ 쓰-커-ㅇ	물건을 사다
ร้านอาหาร 라ーㄴ아-하ーㄴ	식당	กิน 낀	먹다
สนามบิน 싸나-ㅁ빈	공항	ขึ้นเครื่องบิน 큰크르앙빈	비행기를 타다
สวน 쑤ー완	공원	เดินเล่น 드ㅓ-ㄴ렌	산책하다
สถานีรถไฟ 싸타-니-롯F화이	기차역	รอ 러-	기다리다
โรงหนัง 로-ㅇ낭	극장	ดูหนัง 두-낭	영화를 보다
คาราโอเกะ 카-라-오-께	노래방	ร้องเพลง 러-ㅇ플레-ㅇ	노래를 부르다

1. (จะ)ต้อง / ต้องการ(จะ) / อยาก(จะ) 해야 한다 / 원하다 / 하고 싶다
   떵   떵까-ㄴ   야-ㄱ

의지의 강약을 나타내는 조동사는 미래 조동사 **จะ** 와 함께 오거나 생략할 수 있습니다.
짜

    ฉัน(จะ)ต้องอ่านหนังสือ   나는 책을 읽어야 한다. (반드시)
    찬(짜)떵아-ㄴ 낭쓰-

    ฉันต้องการ(จะ)อ่านหนังสือ   나는 책을 읽고 싶다. (อยาก보다 강한 의지, 필요에 의한)
    찬떵까-ㄴ(짜)아-ㄴ 낭쓰-

    ฉันอยาก(จะ)อ่านหนังสือ   나는 책을 읽고 싶다. (희망사항)
    찬야-ㄱ(짜)아-ㄴ 낭쓰-

    * **ต้องการ** 은 예외적으로 명사가 따라올 수 있으며 이 경우 본동사 역할을 하게 됩니다.

    ฉันต้องการหนังสือ   나는 책을 갖고 싶다. (이때 미래 조동사 **จะ**는 사용 할 수 없습니다.)
    찬떵까-ㄴ 낭쓰-

2. ด้วย(กัน) / ก็ ~도, ~같이(함께) | เช่นกัน 역시
   두와이(깐)   꺼-   첸깐

ด้วย는 문맥에 따라 두 가지로 해석 할 수 있습니다.

    ฉันไปจตุจักรด้วย   나도 짜뚜짝에 (같이)간다. / 나는 짜뚜짝도 간다.
    찬빠이짜뚜짝두와이

    * **ด้วย** 와 **กัน** 이 결합된 경우 [함께, 서로 같이] 라는 의미가 더 강조됩니다.

ก็는 반드시 주어 뒤에 위치하며 동사를 수반해야 하지만 **ด้วย**는 동사를 생략할 수 있습니다.

    คุณก็   당신도… (불완전 문장)   **คุณก็ไป**   당신도 간다
    쿤꺼-   쿤꺼-빠이

    คุณด้วย   당신도! (완전 문장)
    쿤두와이

    * **ก็ ด้วย เช่นกัน** 은 한 문장에 동시에 등장 할 수도 있습니다.

    เขาก็ไปจตุจักรด้วย(เช่นกัน)   그도 (역시) 함께 짜뚜짝에 간다.
    카오꺼-빠이짜뚜짝두와이(첸깐)

3. ที่ ~에, ~에서 [장소 전치사]
티-

เราไปที่จตุจักร   우리는 짜뚜짝에 간다.
라오빠이 티-짜뚜짝

ฉันกินข้าวที่ร้านของเพื่อน   나는 친구의 가게에서 밥을 먹는다.
찬낀카-오티-라-ㄴ커-ㅇ프-안

I 다음 낱말을 이용해 태국어 문장으로 작성해보세요.

	하고 싶다	원하다(바라다)	해야 한다
1. พี่ / กินหมู 피- 낀무-	_____	_____	_____
2. พวกเรา / เป็นคนดี 푸왁라오 뻰콘디-	_____	_____	_____
3. เขา / มาด้วย 카오 마-두와이	_____	_____	_____
4. น้อง / ขึ้นเครื่องบิน 너-ㅇ 큰크르앙빈	_____	_____	_____

II 빈칸을 채우고 의미를 해석해보세요. (ก็ ด้วย ด้วยกัน)

1. เรากินข้าว _____   → _____
라오낀카-오

2. ฉันจะเรียนภาษาไทย _____   → _____
찬짜리-안파-싸-타이

3. ซอนแท _____ ชอบคุณกิฟท์ → _____
   써ー∟태ー   처ⁱー∀쿤낍

4. อาหารร้านนี้ _____ อร่อย → _____
   아ー하ⁱー∟라ー∟니ー   아러이

III 밑줄 친 단어를 바꿔보세요.

예)	<u>나</u>는 <u>회사</u>에서 <u>일을 한다</u>.	→	ฉัน ทำงาน ที่บริษัท
			찬 탐ᵒ아ー∟ 티ー버리쌋

1. 엄마 / 집 / 쉬다 → _____

2. 모두 / 미국 / 만나다 → _____

3. 형과 동생 / 공원 / 놀다 → _____

Note

회화 복습하기 I

I 박스 안의 문장을 사용해 태국어 대화문을 완성해보세요.

---

a ดิฉันชื่ออารี ยินดีที่ได้รู้จักเช่นกันค่ะ
디찬츠-아-리-, 인디-티-다이루-짠첸깐카

b ผมอยากไปทานข้าวด้วยกันครับ
폼야-ㄱ빠이타-ㄴ카-오두와이깐크랍

c วันพฤหัสหน้าตอนเที่ยง คุณมีเวลาหรือเปล่าครับ
완파르핫나-떠-ㄴ티-양 쿤미-웨-라-르-쁠라오크랍

d สวัสดีครับ ยินดีที่ได้รู้จักครับ
싸왓디-크랍, 인디-티-다이루-짝크랍

e ใช่ค่ะ อากาศอบอุ่นดีนะคะ
차이카 아-까-ㅅ옵운디-나카

f ดีค่ะ แล้วพบกันค่ะ
디-카 래-오폽깐카

g ผมชื่อลีจินซอง มาจากประเทศเกาหลีครับ
폼츠-이-찐써-ㅇ 마-짜-ㄱ쁘라테-ㅅ까오리-크랍

h วันนี้ว่างตอนเย็นค่ะ
완니와-ㅇ떠-ㄴ옌카

i งั้นพบกันตอนหนึ่งทุ่มที่ร้านอาหารดีไหมครับ
응안폽깐떠-ㄴ능툼티-라-ㄴ아-하-ㄴ디-마이크랍

j วันนี้อากาศดีมากนะครับ
완니-아-까-ㅅ디-마-ㄱ나크랍

k ดิฉันมีนัดกับพี่ชายค่ะ
디찬미-낫깝피-차-이카

l คุณว่างเมื่อไรครับ
쿤와-ㅇ므-아라이크랍

A 안녕하세요. 만나서 반갑습니다.
저는 한국에서 온 이진성입니다.

B 저는 아리라고 합니다. 만나서 반갑습니다.

A 오늘 날씨가 매우 좋습니다.

B 네, 날씨가 따뜻하니 좋네요.

A 다음 주 목요일 12시에 시간 있으신가요?

B 오빠와 약속이 있어요.

A 같이 식사하러 가고 싶어요.
언제 시간 되세요?

B 그 날 저녁에는 한가합니다.

A 그럼 저녁 7시에 식당에서 만날까요?

B 좋아요. 그럼 그때 뵐께요.

Ⅱ 다음 문장을 태국어로 작성해보세요.

1. **Q** 당신의 이름은 무엇인가요?
   คุณ _____
   쿤

   A 내 이름은 ~ 입니다.
   ฉัน / ผม _____
   찬 / 폼

2. **Q** 당신은 어느 나라 사람인가요?
   คุณ _____
   쿤

   A 나는 ~ 사람입니다.
   ฉัน / ผม _____
   찬 / 폼

3. **Q** 당신은 몇 살입니까?
   คุณ _____
   쿤

   A 나는 ~ 살입니다.
   ฉัน / ผม _____
   찬 / 폼

4. **Q** 당신의 직업은 무엇인가요?
   คุณ _____
   쿤

   A 나는 ~ 입니다.
   ฉัน / ผม _____
   찬 / 폼

Ⅲ 밑줄 친 단어를 바꿔보세요.

1. ผมเป็นคน<u>เกาหลี</u>   <u>나</u>는 <u>한국</u> 사람이다.
   폼 뻰 콘까오ㄹ리-

   당신 / 태국 _____

   그들 / 유럽 _____

2. วันนี้อากาศ<u>ร้อน</u>   <u>오늘</u> 날씨가 <u>덥다</u>.
   완니- 아-까-ㅅ러-ㄴ

   올해 / 별로 안 덥다. _____

   어제 / 약간 춥다. _____

3. ช่วงนี้<u>ฝนตกมาก</u>   <u>요즘</u> <u>비가 많이 온다</u>.
   추-왕니- ㄷ혼똑마-ㄱ

   다음 달 / 눈이 전혀 안 온다. _____

   오늘 / 최고로 운이 좋다. _____

Ⅳ 다음 질문에 완전한 문장으로 답변해보세요.

1. **Q** คุณจะมาเมื่อไร
   쿤짜마-므̂-아라이

   A 4월 5일　　　　　　　　　　　ผม/ฉันจะไป _____
   폼/찬짜빠이

   8월 즈음　　　　　　　　　　　　_____

2. **Q** วันนี้คุณจะทำอะไร
   완니-쿤짜탐아라̂이

   A 태국어를 공부해야 한다.　　　　วันนี้ผม/ฉัน _____
   완니-폼/찬

   무엇도 하고 싶지 않다.　　　　　_____

3. **Q** คุณชอบไปไหน
   쿤처̂-ㅂ빠̂이나̌이

   A 노래를 부르러 노래방에 가다.　ผม/ฉันชอบ _____
   폼/찬처̂-ㅂ

   영화를 보러 극장에 가다.　　　　_____

Ⅴ 동사와 어울리는 명사를 짝지어 주세요.

1. 내일 또 만나요.　　　　■

2. 잘 지냈어요?　　　　　■

3. 다음주는 비가 안와요.　■

4. 완전 안 좋아요.　　　　■

5. 잘 잤어요?　　　　　　■

6. 다음 달은 어때요?　　■

7. 잊지마세요.　　　　　■

● A. สบายดีหรือ
　　싸바-이디-르̌-

● B. ไม่ดีเลย
　　마̂이디-르ㅓ-이

● C. หลับสบายไหม
　　ㄴ랍싸바-이마̌이

● D. อย่าลืมนะ
　　야-ㄴ르-ㅁ나

● E. เดือนหน้าเป็นอย่างไรคะ
　　드-안나-뻰야-ㅇ라이카

● F. พบกันใหม่พรุ่งนี้
　　폽깐마이프룽니-

● G. อาทิตย์หน้าฝนไม่ตก
　　아-팃나̂-흔마이똑

067

Ⅵ 다음 문장을 태국어로 작성해보세요.

1. <u>학생</u>은 학교에서 공부한다.   →   นักเรียน _____
   นักเรียน

2. 동생과 나는 공원에 산책하러 <u>간다</u>.   →   _____ ไป _____
                                             빠이

3. 우리는 <u>아침</u>에 공항에 갔다.   →   _____ ตอนเช้า
                                           떠-ㄴ차-오

4. 나는 다음달부터 <u>이 회사</u>에서 일 할 것이다. →   _____ บริษัทนี้ _____
                                        버리쌋니-

5. <u>내 동생</u>은 오전 8시에 학교에 간다. →   น้องของผม/ฉัน _____
                                  너-ㅇ커-ㅇ폼/찬

6. <u>이 가게는 다음 달 즈음에 닫는다.</u> →   ร้านนี้ปิด _____
                         라-ㄴ니- 삣

7. 그는 <u>약속 시간</u>을 잊었다.   →   _____ เวลานัด
                                          웨-ㄴ라-낫

8. <u>모든 학생</u>이 12시에 도착했다(왔다). →   นักเรียนทุกคน _____
                                 낙리-얀툭콘

9. 내 어머니는 아침에 커피 마시는 것을
   좋아한다.   →   _____ ดื่มกาแฟ _____
                                      드-ㅁ까-F홰-

PART III

제9과 여보세요 ฮัลโหล
할로-

A ไม่ทราบว่า เบอร์มือถือ ของคุณ คือ อะไร ครับ
마이싸-ㅂ와- 브ㅓ-므-트ㅓ- 커-ㅇ쿤 크- 아라이 크랍
실례지만 당신의 휴대폰 번호는 몇 번인가요?

B เบอร์มือถือ ของดิฉัน คือ 081-234-5678 ค่ะ
브ㅓ-므-트ㅓ- 커-ㅇ디찬 크- 쑤-ㄴ빼-ㅅ능 써-ㅇ싸-ㅁ씨- 하-혹쩻빼-ㅅ 카
제 휴대폰 번호는 081-234-5678입니다.

ㅤㅤㅤเบอร์โทรศัพท์ ของคุณ ล่ะ คะ
ㅤㅤㅤ브ㅓ-토-라쌉 커-ㅇ쿤 ㄹ라 카
ㅤㅤㅤ당신의 전화 번호는요?

A นี่ เป็น เบอร์โทรศัพท์ ของผม ครับ
니- 뻰브ㅓ-토-라쌉 커-ㅇ 폼 크랍
이 것은 제 전화번호 입니다.

A ฮัลโหล ผมซอนแท (พูด) ครับ
할로- 폼 써-ㄴ태- (푸-ㅅ) 크랍
여보세요, 저 선태입니다.

ㅤㅤㅤขอพูดกับ คุณกิฟท์ หน่อย ครับ
커-푸-ㅅ깝 쿤낍너-이 크랍
낍 씨 좀 연결 부탁 드립니다.

C รอสักครู่ ครับ
러-싹크루 크랍
잠시만 기다리세요.

B ฮัลโหล เปลี่ยนสาย แล้ว ค่ะ
할로- 쁠리-얀싸-이 ㄹ래-오 카
여보세요, 전화 바꿨습니다.

단어정리

ไม่ทราบว่า 마이싸-ㅂ와-	혹시, 실례지만	โทรศัพท์ 토-라쌉	전화	ขอ 커-	~주세요, 요구하다	สักครู่ 싹크루	잠시
เบอร์ 브ㅓ-	번호	ฮัลโหล 할로-	여보세요	หน่อย 너-이	조금, 약간	เปลี่ยน 쁠리-얀	바꾸다
มือถือ 므-트ㅓ-	휴대폰	พูด 푸-ㅅ	말하다	รอ 러-	기다리다	สาย 싸-이	선

070

상황별 다양한 표현

1. โทรศัพท์ [명사] 전화, [동사] 통화하다
토-라쌉

โทรมา 토-마-	전화가 오다	A โทรมาหา B 토-마하-	A로부터 B에게 전화가 오다
โทรไป 토-빠이	전화를 하다	A โทรไปหา B 토-빠이하-	A가 B에게 전화하다
โทรผิด 토-핏	(전화를)잘못 걸다		

2. รับสาย / รับโทรศัพท์ 전화를 받다
랍싸-이   랍토-라쌉

เปลี่ยนสาย 쁠리-얀싸-이	전화를 받다 (넘겨 받았을 때)	วางสาย 와-ㅇ싸-이	전화를 끊다

3. ขอพูดกับ~ / ขอสาย~ ~와 말하게 해주세요.
커-푸-ㅅ깝   커-싸-이

ฝากข้อความ ㄹ화-ㄱ커-콰-ㅁ	메시지를 남기다	โทรศัพท์ต่างประเทศ 토-라쌉따-ㅇ쁘라테-ㅅ	국제전화
โทรศัพท์ในประเทศ 토-라쌉나이쁘라테-ㅅ	국내전화	กรุณารอสักครู่ 까루나-러-싹크루-	잠시만 기다리세요
กรุณาโทรมาใหม่ 까루나-토-마-마이	다시 걸어주세요		

단어정리

หา 하-	찾다	รับ 랍	받다	ฝาก ㄹ화-ㄱ	맡기다	ในประเทศ 나이쁘라테-ㅅ	국내
มาหา 마-하-	~에게 오다	ผิด 핏	틀리다, 잘못하다	ข้อความ 커-콰-ㅁ	메시지, 내용	กรุณา 까루나-	정중하게 요청할 때
ไปหา 빠이하-	~에게 가다	วาง 와-ㅇ	놓다	ต่างประเทศ 따-ㅇ쁘라테-ㅅ	해외		

1. **ไม่ทราบว่า~** 실례지만~, 혹시~
   마이싸^ㅂ와-

   상대방에게 예의를 갖춰 질문할 때 문장 앞에 붙여서 사용합니다.

   ขอโทษ 역시 비슷한 의미로 사용할 수 있지만 **ไม่ทราบว่า** 보다 형식적이고 딱딱한 느낌입니다.
   커-토-ㅅ   마이싸^ㅂ와-

   ไม่ทราบว่าคุณรู้จักคุณซอนแทไหมครับ   혹시 선태 씨를 아십니까?

   ขอโทษ คุณรู้จักคุณซอนแทไหมครับ   실례합니다(미안합니다). 선태 씨를 아십니까?

   > **Tip!**
   >
   > ทราบ 은 รู้ 의 공손한 표현입니다. 어른이나 윗사람의 질문에 "압니다, 모릅니다"라고 대답할 때는
   >   싸^ㅂ   루-
   > ทราบ, ไม่ทราบ , 편한 사람의 질문에는 รู้, ไม่รู้ 라고 대답합니다.
   >   싸^ㅂ 마이싸^ㅂ   루- 마이루-

2. **ขอ** ~주세요, 부탁하다, 요구하다 [동사]
   커-

주어(부탁하는 주체) + ขอ + 요구

   ขอข้าว   밥을 주세요.
   커-카^오

   ขอไปเที่ยวกับเพื่อน   친구와 놀러가는 것을 (허락받기 위해) 부탁하다.
   커-빠이티야오깝프^안

   น้อง**ขอ**คุณแม่ไปเที่ยวกับเพื่อน   동생이 친구와 놀러 가게 해 달라고 엄마에게 부탁하다.
   너^ㅇ커-쿤매-빠이티야오깝프^안

   > **Tip!**
   >
   > **ขอให้** 빌다, 기도하다 [동사]   **ขอให้**คุณโชคดี   당신의 행운을 빕니다.
   >   커-하이   커-하이쿤초^ㄱ디-

3. **หน่อย** 조금, 약간, 좀 [수식사]
   너-이

   หน่อย 는 상대방에게 부탁할 때 문장 후미에 오며 어감을 부드럽게 꾸며줍니다.

กินข้าวที่บ้านหน่อย 집에서 식사 좀 하세요.
낀카-오티-바-ㄴ너-이

ไปเที่ยวหน่อยไหม 좀 놀러 갈까요?
빠이티야오너-이마이

연습 문제

I 다음 낱말을 이용해 태국어 문장으로 작성해보세요.

1. 실례지만 저분 이름이 어떻게 됩니까? ____________________
2. 실례지만 오늘 시간이 있으십니까? ____________________
3. 실례지만 오늘 무슨 날입니까? ____________________
4. 실례지만 당신은 무엇을 좋아합니까? ____________________

II 빈칸을 채우고 문장을 해석해보세요. (**ขอ** / **ขอให้** / **หน่อย**)
커- / 커-하이 / 너-이

1. ไปด้วยกัน ____________ → ____________
   빠이두와이깐
2. ผม ____________ ไปประเทศญี่ปุ่น → ____________
   빠이쁘라테-ㅅY이-뿐
3. ________ พูดกับพี่มีนา ________ → ____________
   푸-ㅅ깝피-미-나-
4. ____________ พูดภาษาไทยเก่งๆ → ____________
   푸-ㅅ파-싸-타이껭껭
5. ช่วย ____________ → ____________
   추와이
6. กินอะไร ____________ → ____________
   낀아라이
7. ____________ ได้อาชีพดีๆ → ____________
   다이아-치-ㅂ디-디-

제10과 이것은 얼마입니까? **อันนี้เท่าไร**
อันนี้-ทาโอราไ

A	มี เสื้อเชิ้ต หรือเปล่า ครับ 미- 쓰^아츠 ㅓ-ㅅ 르- 쁠라오 크랍	셔츠 있습니까?
B	มี ค่ะ เสื้อตัวนี้ เป็นอย่างไร คะ 미- 카 쓰아뚜와니- 뻰야-ㅇ라이 카	있습니다. 이 옷은 어떻습니까?
A	ตัวนี้ เหมาะกับ ผม ดี ครับ 뚜와니- 머깝 폼 디- 크랍	저랑 잘 어울리네요.
	ขอ หนึ่ง ตัว ครับ 커 능 뚜와 크랍	한 벌 주세요.
A	อันโน้น (ราคา) เท่าไร ครับ 안노-ㄴ (라-카-) 타오라이 크랍	저것은 (가격이) 얼마인가요?
B	อันละ ห้าสิบบาท ค่ะ 안라 하-씹바-ㅅ 카	개 당 50바트입니다.
A	แพงจัง ครับ 패-ㅇ짱 크랍	너무 비싸요.
	ลดให้หน่อย ได้ไหม ครับ 롯하이너-이 다이마이 크랍	조금 깎아 줄 수 있습니까?
B	งั้น ลดให้ ห้าบาท ค่ะ 응안 롯하이 하-바-ㅅ 카	그럼 5바트 깎아 드리겠습니다.
A	ขอบคุณ ครับ 커-ㅂ쿤 크랍	감사합니다.

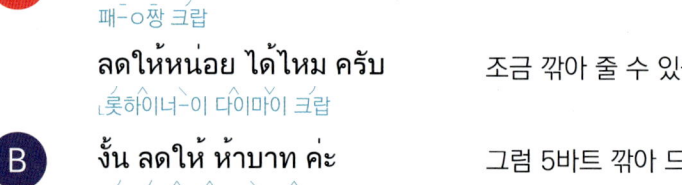

단어정리

มี 미-	있다	เหมาะ 머	어울리다	บาท 바-ㅅ	바트	จัง 짱	너무
เสื้อเชิ้ต 쓰^아츠ㅓ-ㅅ	셔츠	อัน 안	개 (분류사)	หน่อย 너-이	조금, 약간	ลด 롯	할인, 깎다
ตัว 뚜와	벌 (분류사)	ละ 라	~당	แพง 패-ㅇ	비싸다	ให้ 하이	주다

수 분류사

태국어의 수 분류사 중 광범위하게 적용할 수 있는 분류사(**อัน อย่าง ตัว คน**)는 필수로 기억하는 것이 좋습니다.

분류사	명사
อัน 개 안	ของ 물건, 사물 (대부분의 사물에 사용 가능) 커-ㅇ
อย่าง 가지, 종류 야-ㅇ	
ตัว 마리, 개, 놈 뚜와	สัตว์ 동물, เสื้อ 옷, เฟอร์นิเจอร์ 가구 쌋 쓰-아 ㅏ흐ㅓ니쯔ㅓ-
คน 명, 분 콘	คน 사람 콘
ชิ้น 점, 쪽, 조각 친	เค้ก 케익 케-ㄱ
ลูก 과, 개(원형) ㄹ루-ㄱ	ผลไม้ 과일, ลูกฟุตบอล 축구공 폴라마이 ㄹ루-ㄱ훗버-ㄴ
เล่ม 권 ㄹ레-ㅁ	หนังสือ 책, สมุด 공책 낭쓰- 싸뭇
แท่ง 개 (막대) 태-ㅇ	ดินสอ 연필 딘써-
เครื่อง 대 크르앙	เครื่องใช้ไฟฟ้า 전자기기, มือถือ 휴대폰 크르앙차이ㅏ화이ㅏ화- 므-트-
หลัง 채 ㄹ랑	บ้าน 집, อาคาร 건물 바-ㄴ 아-카-ㄴ
ต้น 그루 똔	ต้นไม้ 나무 똔마이
คัน 대 칸	รถ 차, ร่ม 우산 롯 홈
ซอง 장, 갑 써-ㅇ	ซอง 편지봉투, บุหรี่ 담배 써-ㅇ 부리-
ถุง 개 (봉지) 퉁	ถุง 봉지, ถุงพลาสติก 플라스틱 봉지 퉁 퉁플라-ㅅ띡

분류사	명 사
แก้ว 컵(유리), 잔 깨오	แก้ว 유리컵, เครื่องดื่ม 음료 깨~오　크르앙드~ㅁ
ขวด 병 쿠~왓	น้ำ 물, น้ำมัน 기름 남　남만
จาน 접시 짜~ㄴ	อาหาร 음식(요리) 아하~ㄴ
ฟอง 알 ㄹ훠~ㅇ	ไข่ 계란 카이
แผ่น 장 패~ㄴ	กระดาษ 종이 끄라다~ㅅ
ฉบับ 장(신문), 통 차밥	หนังสือพิมพ์ 신문, จดหมาย 편지 낭쓰~핌　쫏마~이
คู่ 쌍 쿠~	รองเท้า 신발, กางเกง 바지 러~ㅇ타오　까~ㅇ께~ㅇ

 ## 기타 분류사

ครั้ง / รอบ 번, 회 크랑 러~ㅂ	ไป 1 ครั้ง 한 번 가다
เรื่อง 이야기 르~앙	อ่าน 1 เรื่อง (이야기)한 개를 읽다

รองเท้า

กางเกง

1. **มี**   ~을 가지고 있다(소유하다), ~이 있다(존재하다) [동사]
   미-

   มี 는 주어 뒤에 올 경우 [소유]를 의미하나 주어 앞에 올 경우 [존재]를 의미합니다.

   > **주어 + มี = ~을 가지다 (소유하다–have)**

   คุณมีดินสอไหม   당신은 연필을 가지고 있습니까?
   쿤미-딘써-마이

   ※ ดินสอ 연필
      딘써-

   > **มี + 주어 = ~이 있다 (존재하다–exist)**

   บ้านนี้(ไม่)มีหน้าต่าง   이 집은 창문이 있다(없다).
   바-ㄴ니-(마이)미-나-따-ㅇ

   ※ หน้าต่าง 창문
      나-따-ㅇ

2. **수 분류사**

   태국어는 한국어와 같이 분류사를 사용해 명사의 수량 단위를 표시합니다.
   또한 명사와 지시형용사가 결합된 경우 반드시 분류사를 동반해야 합니다.

   > **명사 + 수사 + 분류사**   (단, 수사가 "하나"일 경우 분류사와 수사의 위치를 바꿀 수 있습니다.)

   คนหนึ่งคน (คนคนหนึ่ง) 사람 한 명 (한 사람)   **ของสิบอัน** 물건 열 개
   콘능콘   콘콘능   커-ㅇ씹안

   > **명사 + 분류사 + 지시형용사**

   ของอันนี้   이 물건   **ของสองอันนี้**   이 두 개의 물건
   커-ㅇ안니-   커-ㅇ써-ㅇ안니-

   > **분류사 + ละ = ~당**

   กินคนละ(หนึ่ง)จาน   일인당 한 접시씩 먹는다. (수사가 "하나"인 경우 생략 가능)
   낀콘라능짜-ㄴ

   * 명사와 분류사가 동일할 수 있습니다.   예) **จานหนึ่งจาน**   한 개의 접시

3. ได้ [가능 조동사]
다이

ได้ 가 단독으로 오거나 동사 뒤에 위치한 경우 [가능하다]라는 조동사로 기능합니다.

동사 + ได้ = 가능하다 [가능 조동사]

เสื้อตัวนี้ลดราคา(ไม่)ได้
쓰^아뚜와니-ㄴ롯라-카-(마이)다^이

이 옷은 가격을 할인할 수 있다(없다).

ฉันพูดภาษาไทย(ไม่)ได้
찬푸^ㅅ파-싸-타^이(마이)다^이

나는 태국어를 할 수 있다(없다).

ได้ + 동사 = 과거 조동사

เสื้อตัวนี้(ไม่)ได้ลด(ราคา)
쓰^아뚜와니-(마이)다^이ㄴ롯라-카-

이 옷은 가격을 할인 했다(하지 않았다).

ฉัน(ไม่)ได้พูดภาษาไทย
찬(마이)다^이푸^ㅅ파-싸-타^이

나는 태국어를 말했다(말하지 않았다).

Note

078

I 밑줄 친 부분을 다음 낱말로 바꿔 주세요.

A <u>ฉันมีมือถือหนึ่งเครื่อง</u>　　　나는 휴대폰 한 대가 있다.
찬미-므-틑-능크르앙

1. 내 부모님 / 집 한 채　　　→ _____

2. 태국 / 눈이 없다 (눈이 안 온다)　→ _____

3. 우리도 / 2시간　　　→ _____

4. 강남에 / 맛있는 식당　　　→ _____

B <u>ทุกคนได้รับจดหมาย คนละหนึ่งฉบับ</u>　모두 편지를 일인당 한 통씩 받았다.
툭콘다이랍쫏마-이 콘라능차밥

1. 그들이 옷을 샀다 / 두 벌씩　→ _____

2. 그는 전화를 한다 / 하루에 10통씩　→ _____

3. 이 가게의 커피 / 잔당 100바트　→ _____

4. 그는 여행을 가다 / 일년에 두 번　→ _____

II 다음 질문을 해석하고 긍정형과 부정형으로 답변해보세요.

예) คุณทำได้ไหม　당신은 할 수 있습니까?	→	ผม/ฉันทำได้	ผม/ฉันทำไม่ได้
쿤탐다이마이		폼/찬탐다이	폼/찬탐마이다이
		저는 할 수 있습니다.	저는 할 수 없습니다.

1. เขาไปได้ใช่ไหม　　→ _____　_____
카오빠이다이차이마이

2. ผมใช้สมุดเล่มนี้ได้หรือเปล่า　→ _____　_____
폼차이싸뭇렘니-다이르-쁠라오

3. ขอเบอร์มือถือได้ไหม　→ _____　_____
커-브ㅓ-므-틑-다이마이

4. อันนี้กินได้ใช่ไหม　→ _____　_____
안니-낀다이차이마이

제11과 드셔 보셨습니까? เคยทานไหม
크ㅓ-이타-ㄴ마이

A คุณ เคย ทาน อาหารไทย ไหม คะ — 태국 음식을 드신 적이 있습니까?
쿤 크ㅓ-이타-ㄴ 아-하-ㄴ타이 마이 카

B ไม่เคย (ทาน) ครับ — (먹어 본 적) 없습니다.
마이크ㅓ-이 (타-ㄴ) 크랍

A ที่นี่ ทำ ต้มยำกุ้ง กับ ข้าวผัด อร่อย ค่ะ — 여기는 똠얌꿍이랑 볶음밥을 맛있게 합니다.
티-니- 탐 똠얌꿍 깝 카-오팟 아러이 카

B งั้น ผม จะ ลอง ทาน ดู นะ ครับ — 그럼 한번 먹어 보겠습니다.
ㅇ안 폼 짜 러-ㅇ 타-ㄴ 두- 나 크랍

A อาหาร เป็นอย่างไร คะ — 음식이 어떻습니까?
아-하-ㄴ 뻰야-ㅇ라이 카

เผ็ดไป ไหม คะ — 너무 매웠나요?
펫빠이 마이 카

B ไม่เผ็ดเลย ครับ — 전혀 안 매웠습니다.
마이펫르ㅓ-이 크랍

อาหาร ที่นี่ อร่อยมาก (เลย) ครับ — 여기 음식이 매우 맛있습니다.
아-하-ㄴ 티-니- 아러이 마-ㄱ(르ㅓ-이) 크랍

วันหลัง มาอีก นะ ครับ — 다음에 또 와요.
완랑 마-이-ㄱ 나 크랍

단어정리

เคย 크ㅓ-이	~한 적 있다	ดู 두-	보다	เผ็ด 펫	맵다	ไป 빠이	가다, 너무
ลอง 러-ㅇ	시도하다	มา 마-	오다	อีก 이-ㄱ	다시	อร่อย 아러이	맛있다
วันหลัง 완랑	훗날	อาหาร 아-하-ㄴ	음식	ข้าวผัด 카-오팟	볶음밥	เลย 르ㅓ-이	전혀, 완전히
ทาน 타-ㄴ	먹다 (กิน 의 경어) 낀						

음식

- อาหารทะเล 해물요리
  아-하ㄴ타̖레-

- ก๋วยเตี๋ยว 쌀국수
  꾸와이띠야오

- ต้มยำกุ้ง 새우 매운탕
  똠얌꿍

- ส้มตำ 파파야 샐러드
  쏨땀

- ปูผัดผงกะหรี่ 게 커리 볶음
  뿌-팟퐁까리-

- ผักบุ้งไฟแดง 채소볶음요리
  팍붕ㆍ화이대-ㅇ

- ยำวุ้นเส้น 타이 샐러드
  얌w운쎈

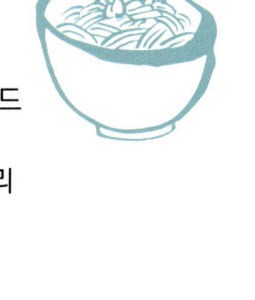

식 재 료				음 료			
เนื้อ 느-아	고기, 소고기	(เนื้อ)วัว (느-아)w우와	소고기	น้ำ 남	물	(น้ำ)ชา (남)차-	차
(เนื้อ)หมู (느-아)무	돼지고기	(เนื้อ)ไก่ (느-아)까이	닭고기	กาแฟ 까-ㄷ화-	커피	นม 놈	우유
กุ้ง 꿍	새우	ปลา 쁠라-	생선	น้ำผลไม้ 남폰라마이	과일주스	น้ำอัดลม 남앗ㄴ롬	탄산음료
ผัก 팍	채소			เหล้า ㄴ라오	술		

 맛 형용사

อร่อย 아러이	맛있다	ขม 콤	쓰다
เผ็ด 펫	맵다	เปรี้ยว 쁘리야오	시다
หวาน 와-ㄴ	달다	มัน 만	기름지다
เค็ม 켐	짜다	เลี่ยน ㄴ리-얀	느끼하다

หวาน

문형 익히기

1. เคย ~한 적 있다 [경험 조동사]
크ㅓ-이

> **เคย + 동사, 수식사 = ~한 적 있다**

ฉัน**เคย**ไปมาแล้ว
찬크ㅓ-이빠이마-ㄹ래-오

ร้านนี้**(ไม่)เคย**อร่อย
라-ㄴ니-(마이)크ㅓ-이아러이

나는 이미 다녀 온 적이 있다.

이 가게는 맛 있었던 적이 있다(없다).

2. ลอง 시도하다 [동사]
ㄹ러-ㅇ

> **ลอง + 동사 + (ดู) = ~시도하다(해 보다)**   * ดู는 생략할 수 있습니다.

ลองดูไหม
ㄹ러-ㅇ두-마이

เธอ**ลอง**อ่านหนังสือเล่มนี้ดูนะ
트ㅓ-ㄹ러-ㅇ아-ㄴ낭쓰-ㄴ렘니-투-나

시도해 보겠습니까?

너 이 책 한번 읽어 봐.

3. เลย 완전히, 전혀, 바로 [어조사]
ㄹ르ㅓ-이

어조사 **เลย**는 수식하는 단어의 의미를 강조해 줍니다.

> **수식사 + เลย = 완전히**

อาหารหวานมาก**เลย**
아-하-ㄴ와-ㄴ마-ㄱ르ㅓ-이

음식이 아주 달다.

> **동사 + เลย = 바로 ~을 하다**

ทาน**เลย**
타-ㄴㄹ르ㅓ-이

바로 식사 하다.

> **ไม่ + 동사,수식사 + เลย = 완전히 아니다 (전혀)**

ไม่หวาน**เลย**   전혀 안 달다.
마이와-ㄴㄹ르ㅓ-이

ไม่ทาน**เลย**   전혀 안 먹다.
마이타-ㄴㄹ르ㅓ-이

082

4. ไป / จัง / มาก 의 차이
빠이 짱 마-ㄱ

ไป 는 영어로 "too", จัง 은 "very", มาก 은 "much, many"로 해석할 수 있습니다.

อาหารเผ็ดไป	음식이 너무(과하게) 맵다. (기준치 이상 맵다)
อาหารเผ็ดจัง(เลย)	음식이 너무/꽤 맵다. (평균 보다 맵다)
อาหารเผ็ดมาก(เลย)	음식이 매우 맵다.

연습 문제

I 다음 질문을 예문과 같이 바꾸고 긍정형과 부정형으로 답변해보세요.

예) Q คุณไปประเทศฝรั่งเศสไหม → คุณเคยไปประเทศฝรั่งเศสไหม
쿤빠이쁘라테-ㅅf화랑쎄-ㅅ마이 → 쿤크ㅓ-이빠이쁘라테-ㅅf화랑쎄-ㅅ마이

A ผม/ฉันเคยไปประเทศฝรั่งเศส → ผม/ฉันไม่เคยไปประเทศฝรั่งเศส
폼/찬크ㅓ-이빠이쁘라테-ㅅf화랑쎄-ㅅ → 폼/찬마이크ㅓ-이빠이쁘라테-ㅅF화랑쎄-ㅅ

1. Q คุณทำงานที่บริษัทนี้หรือ → ____________
쿤탐ㅇ아-ㄴ티-버리쌋니-르-

A (เคย) ____________ → (ไม่เคย) ____________

2. Q คุณลองร้องเพลงนี้ไหม → ____________
쿤ㄹ러-ㅇ러-ㅇ플레-ㅇ니-마이

A (เคย) ____________ → (ไม่เคย) ____________

3. Q คุณชอบซอนแทไหม → ____________
쿤처-ㅂ써-ㄴ태-마이

A (เคย) ____________ → (ไม่เคย) ____________

4. **Q** คุณอยากเล่นฟุตบอลไหม → _____

쿤야ˋ-ㄱ렌ˌ훗버ˉ-ㄴ마이ˇ

A (เคย) _____ → (ไม่เคย) _____

II 다음 상황에 알맞게 **จัง มาก ไป** 를 빈칸에 채워주세요.

1. หนังสือเล่มนี้สนุก _____ เธอต้องลองอ่านดูนะ   ※ สนุก 재미있다

낭쓰ˊ-ㄴ렘니ˊ-싸눅ˋ   터ˉ-떵ˋ러ˉ-ㅇ아ˋ-ㄴ두ˉ-나   싸눅ˋ

2. อันนี้ราคาแพง _____ ซื้อไม่ได้ค่ะ   ※ ซื้อ สาดา

안니ˊ-라ˉ-카ˉ-패ˉ-ㅇ   쓰ˊ-마이ˆ다이ˆ카ˆ   쓰ˊ

3. ขอบคุณที่ช่วยครับ คุณเป็นคนดี _____

커ˇ-ㅂ쿤티ˆ-추와이ˆ크랍 쿤뻰콘디ˉ-

4. มะรืนนี้ช้า _____ เจอกันพรุ่งนี้ดีกว่า   ※ ช้า 느리다

마르ˊ-ㄴ니ˊ-차ˊ-   쯔ˉ-깐프룽니ˊ-디ˉ-꽈ˋ-   차ˊ

                                                    ※ ดีกว่า 더 좋다

                                                    디ˉ-꽈ˋ

Note

제12과 몸이 안 좋아요 รู้สึกไม่สบาย
루-쓱마이싸바-이

 **A** วันนี้ คุณ ดูหน้าซีด จัง ครับ
완니- 쿤 두-나-씨-ㅅ 짱 크랍

오늘 당신 안색이 창백해 보입니다.

B ดิฉัน รู้สึก ไม่สบาย นิดหน่อย ค่ะ
디찬 루-쓱 마이싸바-이 닛너이 카

몸이 조금 안 좋은 것 같아요.

A ไม่สบาย ตั้งแต่ เมื่อไร ครับ
마이싸바-이 땅때- 므아라이 크랍

언제부터 아팠습니까?

ผม เป็นห่วง จังเลย ครับ
폼 뻰후왕 짱ㄹ러-이 크랍

걱정이 많이 됩니다.

ลองไป โรงพยาบาล ดู นะ ครับ
ㄹ러-ㅇ빠이 로-ㅇ파야-바-ㄴ 두- 나 크랍

병원에 한번 가보세요.

C ไม่สบาย ตรงไหน ครับ
마이싸바-이 뜨롱나이 크랍

어디가 아프십니까?

B ดิฉัน ปวดหัว และ ปวดเมื่อยตัว มาก ค่ะ
디찬 뿌-왓후와 ㄹ래 뿌-왓므-아이뚜와 마-ㄱ 카

머리가 아프고 몸이 너무 쑤셔요.

C ไข้ขึ้น ถึง 38 องศา ครับ
카이 큰틍 싸-ㅁ씹빼-ㅅ 옹싸- 크랍

열이 38도까지 올라갔네요.

ทานยา ที่ผมให้ แล้ว นอนพักผ่อน มากๆ นะ ครับ
타-ㄴ야- 티폼하이 ㄹ래-오 너-ㄴ팍퍼-ㄴ 마-ㄱ마-ㄱ 나 크랍

제가 처방한 약을 드시고 충분히 주무세요.

단어정리

ดู 두-	보다, 보이다	ไข้ขึ้น 카이큰	열이 오르다	ยา 야-	약	นอน 너-ㄴ	자다, 눕다
หัว 후와	머리	ไม่สบาย 마이싸바-이	아프다	ห่วง 후왕	걱정하다	ตรงไหน 뜨롱나이	어느 곳 (부위)
หน้าซีด 나-씨-ㅅ	얼굴이 창백하다	องศา 옹싸-	도	ให้ 하이	주다	พักผ่อน 팍퍼-ㄴ	휴식하다
เมื่อยตัว 므-아이뚜와	몸이 쑤시다	ตั้งแต่ 땅때-	~부터	โรงพยาบาล 로-ㅇ파야-바-ㄴ	병원	ปวด 뿌-왓	(통증)아프다
รู้สึก 루-쓱	느끼다, ~한 것 같다						

몸, 신체 **ร่างกาย**
라^ㅇ까^이

머리 หัว
후와

얼굴 หน้า
나-

치아 ฟัน
f환

손가락 นิ้ว(มือ)
니우(므-)

손 มือ
므-

가슴 หน้าอก
나-옥

팔 แขน
캐-ㄴ

심장 หัวใจ
후와짜이

배 ท้อง
터-ㅇ

발 เท้า
타오

머리카락 ผม
폼

눈 ตา
따-

귀 หู
후-

코 จมูก
짜무-ㄱ

입 ปาก
빠-ㄱ

어깨 ไหล่
ㄹ라이

목 คอ
커-

등 หลัง
ㄹ랑

다리 ขา
카-

무릎 เข่า
카오

발가락 นิ้วเท้า
니우타오

086

증상 및 질환 **อาการ และ โรค**
아-까-ㄴ 래 로-ㄱ

증 상		질 환	
(รู้สึก)ไม่สบาย 루-쓱마이싸바-이	아프다	โรค 로-ㄱ	병
ป่วย 뿌와이	아프다 (병)	หวัด 왓	감기
(ได้รับ)บาดเจ็บ (다이랍)바-ㅅ쩹	다치다	ไข้หวัดใหญ่ 카이왓야이	독감
เจ็บ 쩹	아프다(상처)	เมร็ง 마렝	암
ปวด 뿌-왓	아프다(통증), 통증이 있다	โรคเบาหวาน 로-ㄱ바오와-ㄴ	당뇨병
ปวดเมื่อยตัว 뿌-왓므아이뚜와	몸이 아프고 쑤시다	โรคหัวใจ 로-ㄱ후와짜이	심장병
ไอ 아이	기침	โรคผิวหนัง 로-ㄱ피우낭	피부병
ไข้ขึ้น 카이큰	열이 오르다	โรคภูมิแพ้ 로-ㄱ푸-ㅁ패-	면역계 질환
ไข้(ลด)ลง 카이(롯)롱	열이 내리다		
ดีขึ้น 디-큰	좋아지다		
เป็นลม 뻰롬	기절하다		
แย่ลง 얘-ㄴ롱	나빠지다		

* "병에 걸리다"라는 표현은 동사 "**เป็น**"을 사용합니다.   예) **เป็นหวัด**

뻰왓

– –

1. **ดู** 보다, 보이다, 시도하다
   두-

   ดู의 기본의미는 [보다]이며 상태와 결합할 경우 [보이다], 동사 뒤에 오는 경우 [시도해보다]
   로 기능합니다.

   ร้านนี้ดูน่ากิน   이 가게는 맛있어 보인다.   **เธอดู**ดีจัง   너, 아주 좋아 보인다.
   라-ㄴ니-두-나-낀   트ㅓ-두-디-짱

   ※ **น่า** ~스럽다, ~할 만하다, ~할 가치가 있다

2. **ตั้งแต่** ~부터 / **ถึง** ~까지 [전치사]
   땅때-   틍

   ฉันนอนตั้งแต่ 4 ทุ่ม **ถึง** 6 โมงเช้า   나는 저녁 10시부터 아침 6시까지 잔다.
   찬너-ㄴ땅때-씨-툼틍혹모-ㅇ차-오

   คุณมาตั้งแต่เมื่อไร   당신은 언제부터 왔습니까?
   쿤마-땅때-므아라이

3. **ให้** 주다
   하이

   ให้의 기능은 크게 두 가지로 구분 할 수 있습니다.

   ① 일반문형

   ฉันให้หนังสือคุณ   나는 당신에게 책을 준다.
   찬하이낭쓰-쿤

   * **ให้** 가 조동사로 오는 경우 본동사 뒤에 위치하며 [해주다]라는 의미를 갖습니다.

   ฉันเขียนจดหมายให้แม่   나는 엄마에게 편지를 쓴다.
   찬키-얀쫏마-이하이매-

   ทำ(อาหาร)ให้อร่อยนะ   (음식을) 맛있게 만들어줘.
   탐(아-하-ㄴ)하이아러이나

   ② 사역문 [**ให้** 이하의 내용을 시키다, 하게 하다]

   ┌───┐
   │ **ให้** + 부사절(에게 ~을(를)) = ~하게 하다 │
   └───┘

   หมอให้เขากินยา   의사가 그에게 약을 먹게 했다.
   머-하이카오낀야-

088

연습 문제

- -

Ⅰ 다음 문장을 태국어로 작성해보세요.

1. 음식이 많이 매워 보인다.　　　　　→ _____

2. 당신이 꼭 해봐야 한다.　　　　　　→ _____

3. 나는 어제부터 <u>그 영화를</u> 봤다.　→ _____ หนังเรื่องนั้น _____
　　　　　　　　　　　　　　　　　　　　　　　　　낭르-앙난

4. 그가 조금 아파보인다.　　　　　　→ _____

Ⅱ ให้가 들어갈 위치를 선택하고 문장을 해석해보세요. (복수의 답이 있을 수 있습니다.)

1. ____①____ แม่ ____②____ น้อง ____③____ เล่น ____④____ ถึง 5 โมงเย็น
　　　　　　매-　　　　너-ㅇ　　　　렌　　　　　　틍하-모-ㅇ옌

　　→ _____

2. ____①____ ซอนแท ____②____ ไป ____③____ นอน
　　　　　　써-ㄴ태-　　　　빠이　　　너-ㄴ

　　→ _____

3. ____①____ ใคร ____②____ จดหมาย ____③____ คุณ
　　　　　　크라이　　　쫏마-이　　　　쿤

　　→ _____

4. ____①____ ผม ____②____ ซื้อ ____③____ ปากกา ____④____ แม่
　　　　　　폼　　　쓰-　　　　빠-ㄱ까-　　　　매

　　→ _____

P A R T IV

제13과 무엇을 찾습니까? หาอะไรอยู่
ฮา-อาราอิยู-

A คุณ กำลัง หา อะไร อยู่ หรือ ครับ 무엇을 찾고 계십니까?
쿤 깜랑 하- 아라이 유- 르- 크랍

B ดิฉัน ทำ มือถือ หาย ค่ะ 제가 휴대폰을 잃어버렸습니다.
디찬 탐 므-트- 하-이 카

A ไม่อยู่ ในลิ้นชัก หรือ ครับ 서랍 속에 없습니까?
마이유- 나이린착 르- 크랍

อยู่ ที่ไหน จำได้ไหม ครับ 어디에 있었는지 기억 납니까?
유- 티-나이 짬다이마이 크랍

B ดิฉัน จำได้ ว่า วางไว้ บนโต๊ะ ค่ะ 책상에 놓은 것으로 기억합니다.
디찬 짬 다이 와- 와-ㅇ와이 본또 카

A ผม เจอมือถือ ตกอยู่หน้าประตู ครับ 문 앞에 떨어져 있는 휴대폰을 봤습니다.
폼 쯔ㅓ-므-트- 똑유-나-쁘라뚜- 크랍

อันนี้ เป็นมือถือ ของคุณ ใช่ไหม ครับ 이것이 당신의 휴대폰이지요?
안니- 뻰므-트- 커-ㅇ쿤 차이마이 크랍

B ใช่ค่ะ นั่นเป็นมือถือของดิฉัน ค่ะ 맞습니다. 그것이 제 휴대폰입니다.
차이카 난 뻰 므-트- 커-ㅇ디찬 카

ขอบคุณ ที่ช่วยหา ค่ะ 찾는 것을 도와주셔서 감사합니다.
커-ㅂ 쿤 티-추와이하- 카

단어정리

กำลัง 깜랑	~하고 있다	จำ 짬	기억하다	ประตู 쁘라뚜-	문	ช่วย 추와이	돕다
ลิ้นชัก 린착	서랍	หน้า 나-	앞, 얼굴	อยู่ 유-	있다	ใน 나이	안
ตก 똑	떨어지다	หาย 하-이	잃어버리다	บน 본	위	โต๊ะ 또	책상
หา 하-	찾다	วางไว้ 와-ㅇ와이	놓아 두다				

어휘 늘리기

 위치 **ตำแหน่ง**
땀냉

บน 본	상	ซ้าย 싸^이	좌	ระหว่าง 라와-ㅇ	사이
ล่าง ㄴ라^ㅇ	하	ขวา 콰-	우		
ใน 나이	안	หน้า 나-	앞	ข้าง, ด้าน 카^ㅇ, 다^ㄴ	옆
นอก 너^ㄱ	밖	หลัง ㄴ랑	뒤		

 형용사 반의어

ใกล้ 끌라^이	가깝다	ไกล 끌라이	멀다		
เล็ก ㄴ렉	작다	ใหญ่ 야^이	크다		
สั้น 싼^	짧다	ยาว 야-오	길다		
สูง 쑤^ㅇ	높다, (키가)크다	ต่ำ 땀	낮다	เตี้ย 띠^야	(키가)작다
เบา 바오	가볍다	หนัก 낙	무겁다		
มาก 마^ㄱ	많다	น้อย 너-이	적다		
จริง 찡	진짜	ปลอม 쁠러-ㅁ	가짜		
ช้า 차-	느리다	เร็ว 레오	빠르다		
ยาก 야^ㄱ	어렵다	ง่าย 응아-이	쉽다		
อิ่ม 임	배부르다	หิว 히우	배고프다		
อ้วน 우완	뚱뚱하다	ผอม 퍼-ㅁ	날씬하다		
รวย 루와이	부유하다	จน 쫀	가난하다		

1. กำลัง~อยู่   ~하고 있다 [현재 진행 조동사]
   깜랑 ~ 유-

   กำลัง + 동사 + (목적어) + อยู่ = ~하고 있다   (กำลัง 과 อยู่ 는 함께 오거나 둘 중 하나 생략 가능)

   ฉันกำลังกินข้าวอยู่   나는 지금 밥을 먹고 있다.
   찬깜랑낀카-오유-

   단, อยู่ 가 본동사로 기능할 때는 조동사 กำลัง 만 사용합니다.

   คุณแม่กำลังอยู่ในรถ   엄마는 지금 차 안에 있다. (여기서 อยู่ 는 본동사 [있다]를 의미)
   쿤매-깜랑유-나이롯

   * กำลัง이 명사로 올 때는 [힘]이라는 의미로 사용됩니다. (동사 뒤에 위치).

2. อยู่   있다, 존재하다 [동사]
   유-

   주어 + อยู่ + (전치사) + 장소 = ~에 있다 (위치하다)

   อยู่ 가 주어 뒤에서 본동사 역할을 할 때는 [있다]라는 의미로 사용됩니다.

   เขา(ไม่)อยู่ในบ้าน   그는 집에 있다(없다).
   카오(마이)유-나이바-ㄴ

   ฉัน(ไม่)อยู่ที่ประเทศไทยตั้งแต่ปีที่แล้ว 나는 작년부터 태국에 있었(없었)다.
   찬(마이)유-티-쁘라테-ㅅ타이땅때-삐-티-ㄹ래-오

3. มี 와 อยู่
미-   유-

มี [존재하다]가 장소와 결합할 때 อยู่ 와 비슷한 의미를 갖지만 문법상의 위치가 다르며 해석상의 미묘한 차이가 존재합니다.

มือถือ(ไม่)อยู่ในลิ้นชัก
므-트-(마이)유-나이ㄴ린착

서랍 속에 있다(없다), 휴대폰이.
→ 휴대폰이 위치한 장소를 설명

(ไม่)มีมือถือในลิ้นชัก
(마이)미-므-트-나이ㄴ린착

휴대폰이 있다(없다), 서랍 속에.
→ 서랍 속에 휴대폰의 존재유무를 설명

มี 와 อยู่ 는 한 문장에 동시에 올 수도 있습니다.

(ไม่)มีมือถืออยู่ในลิ้นชัก
(마이)미-므-트-유-나이ㄴ린착

서랍 속에 휴대폰이 있다(없다).

095

I 다음 낱말을 이용해 현재 진행형 문장으로 작성해보세요.

1. 내 친구 / 물건을 찾다   → _____

2. 우리 / 식당에서 / 해물요리를 먹다   → _____

3. 나 / 당신과 말하다   → _____

4. 그 / 아빠와 / 병원에 가다   → _____

II 빈칸에 **มี** 와 **อยู่** 를 사용해 문장을 완성해보세요.

1. เขาไม่เคย _____ เวลาว่าง
카오마이크ㅓ-이   웨-ㄴ라-와-ㅇ

2. นักเรียน _____ ในโรงเรียน
낙리-얀   나이로-ㅇ리-얀

3. ไม่ _____ คนชอบเขาเลย
마이   콘처-ㅂ카오ㄴ르ㅓ-이

4. ตอนนี้คุณ _____ ที่ไหนหรือ
떠-ㄴ니-쿤   티-나이르-

5. ผม _____ เพื่อน _____ ในประเทศไทย
폼   프-안   나이쁘라테-ㅅ타이

제14과 저기 있습니다 อยู่ด้านโน้น
유-다̂ㄴ노́ㄴ

A ขอโทษ ครับ
커-토̂-ㅅ 크랍

실례합니다.

ไม่ทราบว่า ร้านขายสบู่ อยู่ที่ไหน ครับ
마̂이싸̂-ㅂ와̂- 라̂-ㄴ카̌-이싸부̀- 유-티̂-나̌이 크랍

혹시 비누 파는 가게는 어디에 있습니까?

B อยู่ ตรงหัวมุม ด้านโน้น ค่ะ
유 뜨롱후̌아뭄 다̂ㄴ노́ㄴ 카̂

저쪽 모퉁이에 있습니다.

A ช่วย บอกทาง ให้หน่อย ได้ไหม ครับ
추̂아이 버̀-ㄱ타-ㅇ 하̂이너̀이 다̂이마̌이 크랍

가는 길을 안내해 주시겠습니까?

B ให้ เดินตรงไป จนถึง ป้ายสีแดง
하̂이 드ㅓ-ㄴ뜨롱빠이 쫀틍̌ 빠̂-이씨̌-대-ㅇ

빨간색 표지판까지 쭉 걸어가세요.

แล้ว เลี้ยวขวา เข้าซอย
ㄴ래́-오 ㄴ리́야오콰̌- 카̂오써-이

그리고 우회전해서 골목으로 들어가세요.

จะเห็น ร้านสบู่ อยู่ด้านขวา(มือ) ค่ะ
짜헨̌ 라̂-ㄴ싸부̀- 유-다̂-ㄴ콰̌-(므-) 카̂

오른쪽에 화장품 가게가 보일 겁니다.

A ขอบคุณ ที่ช่วย บอกทาง ครับ
커̀-ㅂ쿤 티̂-추̂아이 버̀-ㄱ타-ㅇ 크랍

길을 알려주셔서 감사합니다.

단어정리

ร้าน 라̂-ㄴ	가게	เลี้ยว ㄴ리́야오	회전하다	หัวมุม 후̌아뭄	모퉁이	จน 쫀	~할 때까지
บอก 버̀-ㄱ	말하다 (알리다)	สบู่ 싸부̀-	비누	ตรง 뜨롱	똑바로, ~에	ซอย 써-이	골목
สีแดง 씨̌-대-ㅇ	빨간색	เดิน 드ㅓ-ㄴ	걷다	เข้า 카̂오	들어가다	ป้าย 빠̂-이	표지판
ขาย 카̌-이	팔다	ขวา 콰̌-	오른쪽	ด้านโน้น 다̂-ㄴ노́-ㄴ	저쪽	เห็น 헨̌	보이다
ทาง 타-ㅇ	길						

방향 ทิศทาง
ทิดทา-ง

เลี้ยวขวา 리야오콰-	우회전	เลี้ยวซ้าย 리야오싸-이	좌회전	ตรงไป 뜨롱빠이	직진하다
ข้ามถนน 카-ㅁ타논	길을 건너다	ตรงหัวมุม 뜨롱후와뭄	모퉁이에	ที่นี่ 티-니-	여기(이 장소)
ตรงนี้ 뜨롱니-	여기(이 지점)	ทางนี้ 타-ㅇ니-	이 쪽 (이 길)	ด้านนี้ 다-ㄴ니-	이 쪽

 색깔 สี
씨-

สีแดง 씨-대-ㅇ	빨간색	สีส้ม 씨-쏨	주황색	สีเหลือง 씨-르-앙	노란색
สีเขียว 씨-키야오	초록색	สีฟ้า 씨-F화-	하늘색	สีน้ำเงิน 씨-남응은	파란색
สีม่วง 씨-무왕	보라색	สีดำ 씨-담	검정색	สีขาว 씨-카오	하얀색
สีเงิน 씨-응은	은색	สีทอง 씨-터-ㅇ	금색		

1. ไป 와 มา
빠이   마-

ไป 와 มา 는 다른 동사와 결합할 때 위치에 따라 기능이 달라집니다.
ไป / มา 가 앞에 오는 경우 [~하러 가다/하러 오다]라는 의미를 갖습니다.

ไปเดินเล่น   산책하러 가다   **มา**เดินเล่น   산책하러 오다
빠이드ㅓ-ㄴ렌   마-드ㅓ-ㄴ렌

ไป 와 มา 가 함께 오면 [~하다보니]라는 숙어적인 표현을 갖게 됩니다.

กิน**ไป**กิน**มา**ก็อ้วนแล้ว   먹다보니 뚱뚱해졌다.   ※ ก็ 그래서
낀빠이낀마-꺼-우완래-오   꺼-

พูด**ไป**พูด**มา**ก็เช้าแล้ว   말하다보니 아침이 됐다.
푸-ㅅ빠이푸-ㅅ마-꺼-차오래-오

ไปๆมาๆก็ไม่ได้ไป   어쩌다 보니 못가게 됐다.
빠이빠이마-마-꺼-마이다이빠이

* ไปๆมาๆ 는 [왔다 갔다]라는 의미로 해석할 수도 있습니다.

เขา**ไปๆมาๆ**ระหว่างไทยกับเกาหลี   그는 태국과 한국을 왔다 갔다 한다.
카오빠이빠이마-마-라와-ㅇ타이깝까오리-

2. จน   ~할 때까지, ~할 정도로
쫀

กิน**จน**อิ่ม   배부를 정도로 먹다.
낀쫀임

ฉันพูดดัง**จน**เจ็บคอ   나는 목이 아플 정도로 크게 말했다.
찬푸-ㅅ당쫀쩹커-

연습 문제

I 빈칸을 알맞는 단어로 채워주세요.

1. คุณเคย _____ หนังเรื่องนี้หรือเปล่า → 이 영화를 보러 간 적이 있습니까?
   쿤크ㅓ-이   낭르^앙ㄴ-르^-쁠라^오

2. วันนี้ฉัน _____ โรงเรียน → 나는 오늘 학교에 뛰어 갔다.
   완ㄴ-찬   로-ㅇ으리^-얀

3. เขาใช้เงิน _____ หมด → 그는 돈을 다 썼다.   ※ หมด 다하다, 모두
   카^오차이응은   못   (떨어질 때까지 썼다)   못

4. ให้เลี้ยวขวาแล้ว _____ ถึงโน่น → 우회전해서 저기까지 직진하세요.
   하^이ㄴ리야오콰^-ㄴ래^-오   틍노^-ㄴ

5. _____ ก็พูดเก่งแล้ว → 배우다 보니 말을 잘 하게 됐다.
   꺼-푸-ㅅ껭ㄴ래^-오

6. อันนั้น _____ → 그것은 너무(심하게) 작습니다.
   안난

II 다음 문장을 태국어로 작성해보세요.

1. 강남까지 직진하세요.   → _____

2. 좌회전 해서 그 길로 쭉 걸어가세요. → _____

3. 병원은 골목 안쪽에 있습니다.   → _____

제15과 여행을 자주 갑니다 ไปเที่ยวบ่อย
빠이티야오버이

A ผม อยากไปเที่ยว ภาคเหนือ ครับ
폼 야ー¬빠이티야오 파ー¬느ー아 크랍

저는 북부에 놀러 가고 싶습니다.

B ดีค่ะ ภาคเหนือ มีภูเขาสวย ค่ะ
디ー카 파ー¬느ー아 미ー푸ー카오쑤와이 카

좋죠, 북부에는 아름다운 산이 있어요.

แต่ เกาะทางภาคใต้ ก็ สวยไม่แพ้ นะ คะ
때ー 꺼타ー○파ー¬따이 꺼 쑤와이마이패ー 나 카

하지만 남쪽 섬도 못지 않게 아름다워요.

A คุณ ชอบภาคไหน มากกว่า(กัน) ครับ
쿤 처ー๒파ー¬나이 마ー¬꽈ー(깐) 크랍

어느 지역을 더 좋아하십니까?

ดิฉัน ชอบทั้งสองภาค (พอๆกัน) ค่ะ
디찬 처ー๒탕써ー○파ー¬ (퍼ー퍼ー깐) 카

저는 두 지역 다 (비슷하게) 좋아합니다.

B คุณ ไปเที่ยวต่างประเทศ บ่อยไหม ครับ
쿤 빠이티야오따ー○쁘라테ー๛ 버이마이 크랍

해외 여행을 자주 가십니까?

A ไม่ค่อยบ่อย ค่ะ
마이커이버이 카

별로 자주 못 갑니다.

แต่ ไปเที่ยวในประเทศ ปีละ
ประมาณสองสามครั้ง ค่ะ
때 빠이티야오나이쁘라테ー๛ 삐ー라
쁘라마ー๐써ー○싸ー๐크랑 카

하지만 국내 여행은 일년에
두세 번 정도 다녀옵니다.

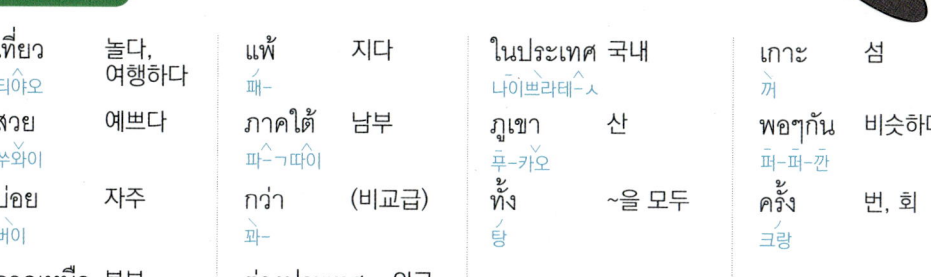

단어정리

เที่ยว 티야오	놀다, 여행하다	แพ้ 패ー	지다	ในประเทศ 나이쁘라테ー๛	국내	เกาะ 꺼	섬
สวย 쑤와이	예쁘다	ภาคใต้ 파ー¬따이	남부	ภูเขา 푸ー카오	산	พอๆกัน 퍼ー퍼ー깐	비슷하다
บ่อย 버이	자주	กว่า 꽈ー	(비교급)	ทั้ง 탕	~을 모두	ครั้ง 크랑	번, 회
ภาคเหนือ 파ー¬느ー아	북부	ต่างประเทศ 따ー○쁘라테ー๛	외국, 해외				

ต่างจังหวัด 따-ㅇ짱왓	지방
ในประเทศ 나이쁘라테-ㅅ	국내
ต่างประเทศ 따-ㅇ쁘라테-ㅅ	외국, 해외

ทะเล 타ㄴ레-	바다
ภูเขา 푸-카오	산
เกาะ 꺼	섬
ป่า 빠-	숲
แม่น้ำ 매-남	강
น้ำตก 남똑	폭포
ทะเลทราย 타ㄴ레-싸-이	사막

북부
ภาคเหนือ
파-ㄱ느-아

중부
ภาคกลาง
파-ㄱ끌라-ㅇ

동북부
ภาคตะวันออกเฉียงเหนือ(อีสาน)
파-ㄱ따완어-ㄱ치-양느-아(이-싸-ㄴ)

서부
ภาคตะวันตก
파-ㄱ따완똑

동부
ภาคตะวันออก
파-ㄱ따완어-ㄱ

방콕
กรุงเทพฯ
끄룽테-ㅂ

남부
ภาคใต้
파-ㄱ따이

Tip!

태국에는 6개의 지방(ภาค)과 76개의 주(จังหวัด)가 있습니다.
파-ㄱ / 짱왓

수도 방콕(กรุงเทพฯ)은 특별행정구역으로 จังหวัด에 분류되지 않으나 동등한 지위를 갖습니다.
끄룽테-ㅂ / 짱왓

지방 분류는 행정기관에 따라 6개 보다 많거나 적게 분류하는 경우도 있습니다.

태국의 행정구역 체계는 จังหวัด (주) – อำเภอ/เขต (군) – ตำบล / แขวง (구) – หมู่บ้าน (마을)으로 이루어져 있습니다.
짱왓 / 암프ㅓ-/케-ㅅ / 땀본/쾌-ㅇ / 무-바-ㄴ

1. แต่ 하지만, 그러나 [접속사]
때-

เธอสวยแต่นิสัยไม่ดี 그녀는 예쁘지만 성격이 안 좋다.
트ㅓ-쑤와이때-니싸이마이디-

อยากซื้ออันนี้แต่แพงไป 이것을 사고 싶지만 너무 비싸다.
야-ㄱ쓰-안니-때-패-ㅇ빠이

2. กว่า 비교급 / ที่สุด 최상급
꽈-   티-쑷

สวย 예쁘다	สวยกว่า 더 예쁘다	สวยที่สุด 가장 예쁘다
쑤와이	쑤와이꽈-	쑤와이티-쑷

วันนี้ว่างกว่าเมื่อวาน 오늘은 어제보다 한가하다.
완니-와-ㅇ꽈-므-아와-ㄴ

วันนี้ว่างที่สุด 오늘이 가장 한가하다.
완니-와-ㅇ티-쑷

비교급 문장에서 **กัน**은 [상대보다]라는 의미를 갖으며 생략해도 무방합니다.
깐

อันไหนดีกว่า(กัน) 어떤 것이 더 좋습니까? **อันไหนดีที่สุด** 어떤 것이 가장 좋습니까?
안나이디-꽈-(깐) 안나이디-티-쑷

ใครสูงกว่า(กัน) 누가 더 키가 큽니까? **ใครสูงที่สุด** 누가 가장 (키가)큽니까?
크라이쑤-ㅇ꽈-(깐) 크라이쑤-ㅇ티-쑷

3. ทั้ง 모두
탕

> **ทั้ง + 수사 + 분류사 = ~다(모두)**

คุณต้องทำทั้งสามอย่าง 당신은 세 가지 다 해야 한다.
쿤떵탐탕싸-ㅁ야-ㅇ

ฉันกำลังเรียนทั้งสองภาษา 나는 두 언어를 모두 배우고 있다.
찬깜랑리-얀탕써-ㅇ파-싸-

เราเป็นคนเกาหลีทั้งหมด 우리는 전부 한국사람이다. ※ ทั้งหมด 전부
라오뻰콘까오리-탕못 탕못

I 다음 문장을 비교급과 최상급 문장으로 바꿔주세요.

비교급   최상급

1. ฉันชอบเขา   → _____   _____
   찬처-ㅂ카오

2. เขาตัวสูง   → _____   _____
   카오뚜와쑤-ㅇ

3. ร้านนี้ราคาดี   → _____   _____
   라-ㄴ니-라-카-디-

4. อันนี้แพง   → _____   _____
   안니-패-ㅇ

II 접속사 **แต่**를 이용해 두 문장/절을 한 문장으로 이어 주세요.
    때-

1. ฉันชอบเขา   เขาไม่ชอบฉัน   → _____
   찬처-ㅂ카오   카오마이처-ㅂ찬

2. ทุกคนไปเที่ยว   ฉันไม่ได้ไป   → _____
   툭콘빠이티야오   찬마이다이빠이

3. เมื่อก่อนภาษาไทยยาก   ตอนนี้ภาษาไทยไม่ยากแล้ว → _____
   므-아꺼-ㄴ파-싸-타이야-ㄱ   떠-ㄴ니-파-싸-타이마이야-ㄱ래-오

4. คุณหมอให้ผมออกกำลังกาย   ผมลืมออกกำลังกาย → _____
   쿤머-하이폼어-ㄱ깜ㅣ랑까-이   폼ㅣ르-ㅁ어-ㄱ깜ㅣ랑까-이

   ※ ออกกำลังกาย 운동하다
   어-ㄱ깜ㅣ랑까-이

제16과 무슨 일이 있습니까? มีเรื่องอะไร
미-르̂앙̀아라̀이

A วันนี้ ผม รู้สึกแย่มาก ครับ
완니- 폼 루-쓱얘-마̂-ㄱ 크랍
오늘 기분이 매우 안 좋습니다.

B มี เรื่องอะไร หรือ คะ
미- 르̂앙̀아라̀이 르̌- 카́
무슨 일이 있습니까?

A ผม ลืมว่า ยังไม่ได้ ซื้อของขวัญ ให้แม่ ครับ
폼 르̖-ㅁ와̂- 양마̂이다̂이 쓰-커̌-ㅇ콴 하̂이매̂- 크랍
어머니 선물 사는 것을 잊어버렸어요.

B มีอะไร จะให้ดิฉัน ช่วยไหม คะ
미-아라̀이 짜̀하̂이디찬̌ 추̂와이마̌이 카́
제가 도와 드릴 일이 있습니까?

A ผม รู้สึกเกรงใจ ครับ
폼 루-쓱 끄레-ㅇ짜이 크랍
(도움을 청해도 될지)미안하네요.

B ไม่เป็นไร ไม่ต้องเกรงใจ ค่ะ
마̂이뻰라이 마̂이떵̂끄레-ㅇ짜이 카̂
괜찮습니다. 미안해 하지 마세요.

A งั้น หลังเลิกงาน ช่วยผม
เลือกของขวัญหน่อย ได้ไหม ครับ
응안̂ 랑̌르̂ㅓ-ㄱ응아-ㄴ 추̂와이폼
르̂-악커̌-ㅇ콴너̀이 다̂이마̌이 크랍
그럼 퇴근후에 선물 고르는 것을
도와주실 수 있나요?

B แน่นอน ค่ะ
내̂-너-ㄴ 카̂
당연하죠.

단어정리

แย่	형편없다	หลัง	이후	ของขวัญ	선물	เกรงใจ	미안해 하다
얘-		랑̌		커̌-ㅇ콴		끄레-ㅇ짜이	
ไม่เป็นไร	괜찮다	ยัง	아직	เลือก	고르다	แน่นอน	당연하다
마̂이뻰라이		양̌		르̂-악		내̂-너-ㄴ	
เรื่อง	일, 사건,	เลิก	끝나다,				
르̂-앙	이야기	르̂ㅓ-ㄱ	마치다				

감정 **ความรู้สึก**
콰ㅡㅁ루ㅡ쓱

ดีใจ 기쁘다 디ㅡ짜이		เสียใจ 상심하다, 후회하다 씨ㅡ야짜이	
มีความสุข 행복하다 미ㅡ콰ㅡㅁ쑥		เศร้า 슬프다 싸오	เจ็บใจ 분하다 쩹짜이
สนุก 재미있다, 즐겁다 싸눅		ทุกข์ใจ 마음이 고통스럽다(슬프다) 툭짜이	
		ปวดใจ 마음이 아프다(슬프다) 뿌왓짜이	
ปลื้มใจ 흡족하다 쁠르ㅡㅁ짜이	พอใจ 만족하다 퍼ㅡ짜이	ท้อแท้ 낙담하다 터ㅡ태ㅡ	
ตื่นเต้น 흥분하다, 떨리다 뜨ㅡㄴ뗀		เหงา 외롭다 ᇹ아오	เบื่อ 지겹다 브ㅡ아
โล่งใจ 안심하다 ㄹ로ᇹ오짜이		กลุ้มใจ 고심하다 끌룸짜이	อึดอัด 답답하다 읏앗짜이
สบายใจ 마음이 편하다 싸바ㅡ이짜이		ร้อนใจ 초조하다, 안절부절하다 러ㅡㄴ짜이	
สบาย 편하다 싸바ㅡ이		ทรมาน 고통스럽다 터ㅡ라마ㅡㄴ	
หัวเราะ 소리내어 웃다 후와러		โกรธ 화가 나다 끄로ㅡㅅ	ร้องไห้ 울다 러ㅡᇹ하이
ยิ้ม 미소짓다 ᇹ임		น้อยใจ 섭섭하다 너ㅡ이짜이	
ขอบใจ 고맙다 커ㅡㅂ짜이		เกรงใจ 미안해 하다 끄레ㅡᇹ짜이	

태국어에서 감정, 성격 등을 표현하는 단어에는 특히 [마음]이라는 의미의 **ใจ**가 많이 들
짜이
어갑니다. 수식사와 결합할 때 **ใจ**의 위치에 따라 의미가 달라질 수 있습니다.
짜이

ใจ + ดี = ใจดี 짜이 디ㅡ 짜이디ㅡ 마음 + 좋다 = 착하다 [수식사]	**ใจ + ร้อน = ใจร้อน** 짜이 러ㅡㄴ 짜이러ㅡㄴ 마음+덥다 = 성격이 급하다 [수식사]

ดีใจ 기쁘다   **ร้อนใจ** 초조하다
디ㅡ짜이   러ㅡㄴ짜이

1. เกรงใจ
끄레-ㅇ짜이

เกรงใจ 는 태국 특유의 겸손함을 강조하는 문화를 잘 나타내는 단어로 한국어에는 없는 단어입니다. 타인에게 호의를 받는 상황에서 그 호의가 미안하거나 부담스럽거나 염치없거나 예의상 거절할 때 **เกรงใจ** 를 사용합니다.

ผมอยากซื้อของขวัญให้คุณครับ   당신에게 선물을 사드리고 싶습니다.
폼야-ㄱ쓰-커-ㅇ콴하이쿤크랍

ไม่เป็นไรค่ะ เกรงใจ   괜찮습니다. (그러면 제가 미안해 져요.)
마이뻰라이카 끄레-ㅇ짜이

2. ว่า
와-

ว่า 가 다른 동사와 결합했을 때 **ว่า** 이하의 절은 본동사를 수식하는 역할을 합니다. 특히 **พูด** 푸-ㅅ
บอก 등 [말하다]라는 의미의 동사와 결합할 때 [~라고]라는 의미를 갖습니다.
버-ㄱ

ฉันลืมว่าวันนี้ฝนตก   나는 잊다. + 오늘 비가 온다.
찬르-ㅁ와-완니-fㅎ혼똑   = 나는 오늘 비가 온다는 것을 잊어버렸다.

ฉันรู้สึกว่าเขาเป็นคนดี   나는 느끼다. + 그는 좋은 사람이다.
찬루-쓱와-카오뻰콘디-   = 나는 그가 좋은 사람인 것 같다.   ※ พูด 말하다
푸-ㅅ

เขาพูดว่าพรุ่งนี้อย่าลืมร่ม   그가 말하다 + 내일 우산 잊지마.   ※ บอก 말해주다
카오푸-ㅅ와-프룽니-야-ㄴ르-ㅁ롬   = 그는 내일 우산을 잊지 말라고 말했다.   버-ㄱ (알리다)

3. หรือยัง
르-양

หรือ 의 기본의미는 접속사 [또는, 아니면, ~이나]이며 의문조사로 올 때도 그 의미를 내포하고 있습니다.

คุณกินหรือไม่(กิน)   당신은 먹습니까? 아니면 (안먹습니까?)
쿤낀르-마이(낀)

คุณกินหรือยัง(ไม่ได้กิน)   당신은 먹었습니까? 아니면 아직 (안먹었습니까?)
쿤낀르-양(마이다이낀)

I 어울리는 문항끼리 연결 후 해석해보세요.

1. ฉันรู้สึกว่า
   찬루-쓱와-

2. ฉันรู้สึก
   찬루-쓱

3. เพื่อนลืมว่า
   프^안ᆫ르-ㅁ와-

4. เพื่อนลืม
   프^안ᆫ르-ㅁ

- A. เรามาเร็วไป
  라오마-레오빠이

- B. มีนัดตอนบ่าย
  미-낫떠-ㄴ바-이

- C. กินยา
  낀야-

- D. ดีใจ
  디-짜이

→ 1. _____

→ 2. _____

→ 3. _____

→ 4. _____

II 다음 문장을 해석하고 완전한 문장으로 대답해보세요.

1. **Q** คุณเคยฟังเพลงนี้หรือยัง
   쿤크ㅓ-이f황플레-ㅇ니-르์-양

   A (긍정형) ผม/ฉันเคยฟังเพลงนี้(แล้ว) → (부정형) _____
   폼/찬크ㅓ-이f황플레-ㅇ니-(ㄹ래-오)

2. **Q** พี่ไปถึงบริษัทหรือยัง
   피-빠이틍버리쌋르์-양

   A (긍정형) _____ → (부정형) _____

3. **Q** คุณรู้สึกดีขึ้นหรือยัง
   쿤루-쓱디-큰르์-양

   A (긍정형) _____ → (부정형) _____

회화 복습하기 II

I 박스 안의 문장을 사용해 태국어 대화문을 완성해보세요.

a	มีอะไรหรือคะ 미-아라이르-카	**b**	ผมหาเอกสารไม่เจอครับ 폼하-에-ㄱ까싸-ㄴ마이쯔ㅓ-ㄹ크랍
c	อย่าลืมโทรไปบอกคุณกิฟท์ 야-ㄹㅡㅁ토-빠이버ㅓ-ㄱ쿤낍	**d**	ใกล้ถึงหรือยังครับ 끌라이틍르-양크랍
e	ลองดูในลิ้นชักของโต๊ะด้านขวานะคะ 러-ㅇ두-나이린착커-ㅇ또다-ㄴ콰-나카	**f**	เจอแล้วครับ ขอบคุณครับ 쯔ㅓ-래-ㅇ크랍 커-ㅂ쿤크랍
g	ดิฉันกำลังกลับไปที่บริษัทค่ะ 디찬깜랑끌랍빠이티-버리쌋카	**h**	ฮัลโหล ตอนนี้คุณอยู่ที่ไหนครับ 할로- 떠-ㄴ니-쿤유-티-나이크랍
i	ใกล้แล้วค่ะ 끌라이래-오카	**j**	ให้มาเร็วๆนะครับ 하이마-레오레오나크랍
k	คุณทราบไหม ว่าอยู่ตรงไหน 쿤싸-ㅂ마이 와-유-뜨롱나이	**l**	ได้ค่ะ 다이카 ※ เอกสาร 서류 에-ㄱ까싸-ㄴ

A 여보세요, 지금 어디 계시나요? _____

B 회사로 돌아가고 있어요. _____

무슨 일 있나요? _____

A 서류를 못찾겠어요. _____

혹시 어디 있는지 아시나요? _____

B 우측에 있는 책상 서랍을 한번 보세요. _____

A 찾았어요! 고마워요. _____

거의 다 도착했나요? _____

B 거의 다 왔어요. _____

A 낍 씨한테 전화해서 _____

빨리오라고 하는 것도 잊지 마세요. _____

B 알겠습니다. _____

II 문장을 완성해 목적지까지 길을 안내해 주세요.

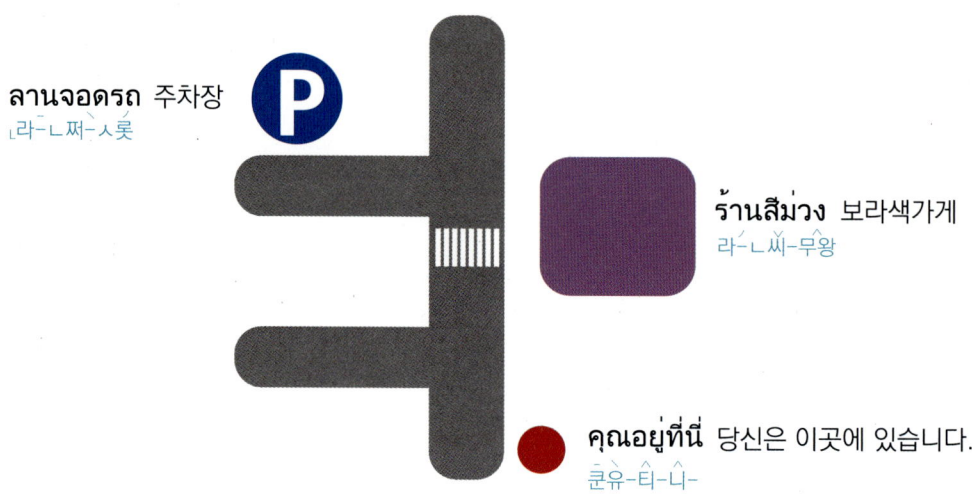

ลานจอดรถ 주차장
ㄹ라-ㄴ쩌-ㅅ롯

ร้านสีม่วง 보라색가게
라-ㄴ씨-무왕

คุณอยู่ที่นี่ 당신은 이곳에 있습니다.
쿤유-티-니-

A ตรงไหน / อยู่ / ห้องน้ำ / คะ
뜨롱나이 / 유- / 허-ㅇ남 / 카

B อยู่ / ลานจอดรถ / ห้องน้ำ / ใน / ครับ
유- / ㄹ라-ㄴ쩌-ㅅ롯 / 허-ㅇ남 / 나이 / 크랍

A อย่างไร / ไป / ลานจอดรถ / คะ
야-ㅇ라이 / 빠이 / ㄹ라-ㄴ쩌-ㅅ롯 / 카

บอกทาง / ช่วย / ให้หน่อย / ค่ะ
버-ㄱ타-ㅇ / 추와이 / 하이너이 / 카

B ทางนี้ / ให้เดินตรงไป / ร้านสีม่วง / จนถึง
타-ㅇ니- / 하이드ㅓ-ㄴ뜨롱빠이 / 라-ㄴ씨-무왕 / 쫀틍

แล้ว / หน้า / ข้ามถนน / ร้านสีม่วง / ที่อยู่ด้านขวามือ / เข้าซอย
ㄹ래-오 / 나- / 카-ㅁ타논 / 라-ㄴ씨-무왕 / 티-유-다-ㄴ쾨-ㅁ- / 카오써-이

ด้านขวามือ / อยู่ / ลานจอดรถ / ครับ
다-ㄴ쾨-ㅁ- / 유- / ㄹ라-ㄴ쩌-ㅅ롯 / 크랍

III 다음 문장을 태국어로 작성해보세요.

1. **Q** 당신의 전화번호는 몇 번 입니까?   **A** 제 전화번호는 02-123-4578 입니다.

   _____   _____

2. **Q** 당신의 취미는 무엇입니까?   **A** 제 취미는 커피 마시기입니다.

   _____   _____

3. **Q** 저것은 얼마입니까?   **A** 저것은 200 바트입니다.

   _____   _____

4. **Q** 어디가 안 좋습니까?   **A** 감기에 걸렸습니다.

   _____   _____

IV 밑줄 친 단어를 바꿔보세요.

1. ฉันทำงาน ไม่ค่อยเก่ง   나는 일을 별로 못한다.
   찬탐ᇰ아-ㄴ 마이커이껭

   걷다 / 친구보다 더 빨리   _____

   놀러가다 / 매우 자주   _____

2. อยากให้พี่ลองฟังเรื่องนี้(ดู)   오빠가 이 이야기를 들어봤으면 좋겠다.
   야-ㄱ하이피-ㄴ러-ㅇ황르-앙니-두-

   한국 친구 / 남부에 놀러가다   _____

   당신 / 그를 만나보다   _____

3. ฉันรู้สึกไม่สบายแต่ต้องไปทำงานตั้งแต่เช้า   나는 아픈 기운이 있지만 아침부터 일하러 가야한다.
   찬루-쓱마이싸바-이때-떵빠이탐ᇰ아-ㄴ땅때-차오

   배고프다 / 아직 밥을 못먹었다   _____

   분하다 / 아무것도 할 수 없다   _____

111

V

다음 질문에 완전한 문장으로 답변해보세요.

1. **Q** ใคร(เป็นคน)ให้ของขวัญหรือ
   크라이(뻰콘)하이커-ㅇ쾬르-

   누가 선물을 줬습니까?

   A 엄마가 나에게

   _____

   형이 형의 친구에게

   _____

2. **Q** คุณหาหนังสือเจอหรือยัง
   쿤하-낭쓰-쯔ㅓ-르-양

   책을 찾았습니까?

   A 찾았습니다.

   _____

   못 찾았습니다.

   _____

3. **Q** คุณเป็นอะไรไหม
   쿤뻰아라이마이

   괜찮습니까?

   ※ เป็นอะไร 는 [어떻습니까?]라는
      뻰아라이
      의미의 숙어적 표현입니다.

   A 괜찮습니다.

   _____

   조금 슬퍼요.

   _____

다음 문장을 다양한 시제로 바꿔보세요.

1. น้องของผมเป็นหมอ
   너-ㅇ커-ㅇ폼뻰머-

   과거형 _____

   완료형 _____

   미래형 _____

2. เราไปเที่ยวต่างประเทศด้วยกัน
   라오빠이티야오따-ㅇ쁘라테-ㅅ두와이깐

   과거형 _____

   현재진행형 _____

   미래형 _____

연습문제 해답

II. 회화편

1. ผม / ทำงาน / ที่บ้าน　(나는/일합니다/집에서)
   폼　탐응아ㄴ　티-바-ㄴ

2. คุณพ่อ / รัก / ฉัน　(아빠는/사랑합니다/나를)
   쿤파-　락　찬

3. คุณแม่ / ทำอาหาร / อร่อย
   쿤매-　탐 아-하-ㄴ　아러이

   (엄마는/요리한다/맛있게)

I.

1. ฉันได้กินข้าว　　　　ฉันไม่ได้กินข้าว
   찬다이낀카-오　　　찬마이다이낀카-오

2. หมอได้รักษาคนไข้　หมอไม่ได้รักษาคนไข้
   머-다이락싸-콘카이　머-마이다이락싸-콘카이

3. คุณได้เรียนภาษาไทย　คุณไม่ได้เรียนภาษาไทย
   쿤다이리-얀파-싸-타이　쿤마이다이리-얀파-싸-타이

4. เขาได้ไปประเทศไทย　เขาไม่ได้ไปประเทศไทย
   카오다이빠이쁘라테-ㅅ타이　카오마이다이빠이쁘라테-ㅅ타이

II.

1. ไม่　2. แล้ว　3. ได้　4. ไม่ได้
   마이　　래-오　　다이　　마이다이

I.

1. เขา / เธอ　　　　2. พวกเขา / ท่าน
   카오 / 터-　　　　푸-악카오 / 타-ㄴ

3. เรา　　　　　　4. พวกเรา
   라오　　　　　　푸-악라오

II.

1. สี่สิบห้า　　　　2. เก้าสิบแปด
   씨-씹하-　　　　까오씹빼-ㅅ

3. (หนึ่ง)ร้อยยี่สิบเอ็ด　4. เจ็ดร้อยเจ็ดสิบเจ็ด
   (능)러-이이-씹엣　　펫러-이쩻씹엣

5. สามพันหนึ่งร้อย　6. (หนึ่ง)หมื่นยี่สิบเอ็ด
   싸-ㅁ판능러-이　　　(능)므-ㄴ이-씹엣

III.

1. เขาชื่อจีฮยอนลี
   카오츠-찌-허-ㄴ리-

2. จีฮยอนอายุยี่สิบเอ็ดปี
   찌-허-ㄴ아-유이-씹엣삐-

3. พวกเราเรียนภาษาไทย
   푸-악라오리-얀파-싸-타이

4. ท่านไปประเทศอเมริกา
   타-ㄴ빠이쁘라테-ㅅ아메-리까-

IV.

1. คุณกำลังทำอะไร　　2. เธอกินกี่อัน
   쿤깜랑탐아라이　　　터-낀끼-안

3. พวกคุณอยู่ที่ไหน　4. ข้าวล่ะ
   푸-악쿤유-티-나이　　카-오라

5. หนังสือของคุณล่ะ
   낭쓰-커-ㅇ쿤라

V.

1. ฉันไป　　　　ฉันก็ไป
   찬빠이　　　　찬꺼-빠이

2. เขาเป็นคนดี　เขาก็เป็นคนดี
   카오뻰콘디-　　카오꺼-뻰콘디-

3. พวกเขาพูดภาษาไทยเก่ง
   푸-악카오푸-ㅅ파-싸-타이껭
   พวกเขาก็พูดภาษาไทยเก่ง
   푸-악카오꺼-푸-ㅅ파-싸-타이껭

I.

1. เขามาอีกแล้วครับ　　그가 다시 왔습니다.
   카오마-이-ㄱ래-오크랍

2. ผมทานอาหารไทยแล้ว
   폼타-ㄴ아-하-ㄴ타이래-오
   저는 태국음식을 (이미)먹었습니다.

3. คุณโบว์ไปประเทศเกาหลีแล้ว
   쿤보-빠이쁘라테-ㅅ까올리-래-오
   보 씨는 한국에 (이미)갔습니다.

4. พบกันอีกแล้ว　　　다시 만났네요.
   폽깐이-ㄱ래-오

II.

1. ② หรือเปล่า   ③ หรือ   ④ ใช่ไหม

2. ③ หรือ   ④ ใช่ไหม

3. ① ไหม   ② หรือเปล่า   ③ หรือ   ④ ใช่ไหม

046 PART 1 제 4 과

I.

1. งานยุ่งที่สุด   พูดเก่งที่สุด   ภาษาไทยยากที่สุด
응아-ㄴ융티-쑷   푸-ㅅ껭티-쑷   파-싸-타이야-ㄱ티-쑷

2. งานยุ่งมาก   พูดเก่งมาก   ภาษาไทยยากมาก
응아-ㄴ융마-ㄱ   푸-ㅅ껭마-ㄱ   파-싸-타이야-ㄱ마-ㄱ

3. งานยุ่งนิดหน่อย   พูดเก่งนิดหน่อย
응아-ㄴ융닛너-이   푸-ㅅ껭닛너-이

ภาษาไทยยากนิดหน่อย
파-싸-타이야-ㄱ닛너-이

4. งานไม่ค่อยยุ่ง   พูดไม่ค่อยเก่ง
응아-ㄴ마이커-이융   푸-ㅅ마이커-이껭

ภาษาไทยไม่ค่อยยาก
파-싸-타이마이커-이야-ㄱ

5. งานไม่ยุ่งเลย   พูดไม่เก่งเลย
응아-ㄴ마이융르ㅓ-이   푸-ㅅ마이껭르ㅓ-이

ภาษาไทยไม่ยากเลย
파-싸-타이마이야-ㄱ르ㅓ-이

II.

1. ทุกคนเริ่มทำงาน
툭콘르ㅓ-ㅁ탐응아-ㄴ

2. พรุ่งนี้อย่าสาย(นะ)
프룽니-야-싸-이(나)

3. คุณแม่เป็นอย่างไร
쿤매-뻰야-ㅇ라이

4. มาเร็วๆ(นะ)
마-레오레오(나)

051 PART 2 제 5 과

I.

1. วันที่สิบห้า เดือนมีนาคม ปีหนึ่งเก้าเก้าเก้า
완티-씹하- 드-안미-나-콤 삐-능까오까오까오

/ ปีหนึ่งพันเก้าร้อยเก้าสิบเก้า
삐-능판까오러-이까오씹까오

2. วันที่สาม เดือนสิงหาคม
완티-싸-ㅁ 드-안씽하-콤

3. วันจันทร์ที่ยี่สิบเอ็ด เดือนเมษายน
완짠티-이-씹엣 드-안메-싸-욘

II.

1. ปีที่ห้า
삐-티-하-

2. คนที่เท่าไร
콘티-타오라이

3. ครั้งที่สอง
크랑티-써-ㅇ

III.

1. นี้   오늘은 쏭크란(태국 설날)이다.
니-

2. ที่นั่น   당신은 그곳에 간 적이 있습니까?
티-난

3. คนนั้น / คนโน้น   나는 저 사람을 안다.
콘난 / 콘노-ㄴ

055 PART 2 제 6 과

I.

1. 02:30   2. 06:45   3. 15:12   4. 21:05

II.

1. เที่ยง(วัน)
티-양(완)

2. ตีห้าสามสิบสามนาที
띠-하-싸-ㅁ씹싸-ㅁ나-티-

3. ห้าทุ่มหนึ่งนาที
하-툼능나-티-

4. บ่ายสี่โมงสิบเอ็ดนาที
바-이씨-모-ㅇ씹엣나-티-

5. บ่ายสองโมงครึ่ง
바-이써-ㅇ모-ㅇ크릉

III.

1. ปีหน้า ฉัน จะ ไป ประเทศไทย
삐-나- 찬 짜 빠이 쁘라테-ㅅ타이

2. คุณ จะ มาถึง เมื่อไร
쿤 짜 마-틍 므아라이

3. คุณคิม จะ เป็น คุณครู
쿤킴 짜 뻰 쿤크루-

4. เรา จะ พบกัน อีก
라오 짜 폽깐 이-ㄱ

PART 2 제 7 과

I.

1. จักรยานของ(คุณ)แม่
   짝끄라야-ㄴ커-ㅇ(쿤)매-

2. น้องของผม/ฉัน
   너-ㅇ커-ㅇ폼/찬

3. หนังสือพิมพ์ของวันนี้
   낭쓰-핌커-ㅇ완니-

4. ของใคร
   커-ㅇ크라이

II.

1. D   2. F   3. B   4. A   5. C

III.

1. และ   (이것은 나의 것이고 저것은 너의 것이다.)

2. กับ   (당신은 누구와 갈 것입니까?)

3. และ กับ (그는 축구와 골프를 좋아합니다.)

4. กับ   (우리들은 선생님과 태국어를 배운다.)

PART 2 제 8 과

I.

1. พี่อยากกินหมู
   พี่ต้องการกินหมู
   พี่ต้องกินหมู

2. พวกเราอยากเป็นคนดี
   พวกเราต้องการเป็นคนดี
   พวกเราต้องเป็นคนดี

3. เขาอยากมาด้วย
   เขาต้องการมาด้วย
   เขาต้องมาด้วย

4. น้องอยากขึ้นเครื่องบิน
   น้องต้องการขึ้นเครื่องบิน
   น้องต้องขึ้นเครื่องบิน

II.

1. ด้วยกัน   우리는 함께 밥을 먹는다.

2. ด้วย   나도 태국어를 배울 것이다. (나는 태국어도 배울 것이다.)

3. ก็   선배도 낍씨를 좋아한다.

4. ก็   이 가게의 음식도 맛있다.

III.

1. แม่พักที่บ้าน
   매-팍티-바-ㄴ

2. ทุกคนเจอ*กันที่(ประเทศ)อเมริกา   (*พบ 도 가능)
   툭콘쯔ㅓ-깐티-(쁘라테-ㅅ)아메-리까-   폽

3. พี่กับน้องเล่นที่สวน / พี่เล่นกับน้องที่สวน
   피-깝너-ㅇ렌티-쑤-완 / 피-ㄴ렌깝너-ㅇ티-쑤-완

회화 복습하기 I

I.

d – g – a – j – e – c – k – b – l – h – i – f

II.

1. Q ชื่ออะไร   A ชื่อ OOO
   츠-ㅏ아라이   츠-

2. Q เป็นคนประเทศไหน/อะไร
   뻰콘쁘라테-ㅅ나이/아라이

   A เป็นคน OOO
   뻰콘

3. Q อายุกี่ปี / อายุเท่าไร   A อายุ OOO ปี
   아-유끼-삐- / 아-유타오라이   아-유   삐-

4. Q ทำงานอะไร   A เป็น OOO
   탐응아-ㄴ아라이   뻰

III.

1. คุณเป็นคนไทย
   쿤뻰콘타이
   พวกเขาเป็นคนยุโรป
   푸-왁카오뻰콘유로-ㅂ

2. ปีนี้อากาศไม่ค่อยร้อน
   삐-니-아-까-ㅅ마이커러-ㄴ
   เมื่อวานหนาวนิดหน่อย
   므-아와-ㄴ나-오닛너이

3. เดือนหน้าหิมะไม่ตกเลย
   드-안나-히마마이똑르ㅓ-이
   วันนี้โชคดีที่สุด
   완니-초-ㄱ디-티-쑷

116

IV.

1. ผม/ฉันจะไปวันที่ห้าเดือนเมษายน
폼/찬짜빠이완티-하-드-안메-싸-욘

   ผม/ฉันจะไปประมาณเดือนสิงหาคม
폼/찬짜빠이쁘라마-ㄴ드-안씽하-콤

2. วันนี้ผม/ฉัน(จะ)ต้องเรียนภาษาไทย
완니-폼/찬(짜)떠-ㅇ리-얀파-싸-타이

   วันนี้ผม/ฉันไม่อยากทำอะไร
완니-폼/찬마이야-ㄱ탐아라이

3. ผม/ฉันชอบไปร้องเพลงที่คาราโอเกะ
폼/찬처-ㅂ빠이러-ㅇ플레-ㅇ티-카-라-오-께

   ผม/ฉันชอบไปดูหนังที่โรงหนัง
폼/찬처-ㅂ빠이두-낭티-로-ㅇ낭

V.

1. F 2. A 3. G 4. B 5. C 6. E 7. D

VI.

1. นักเรียนเรียนที่โรงเรียน
낙리-얀리-얀티-로-ㅇ리-얀

2. น้องกับฉันไปเดินเล่นที่สวน
너-ㅇ깝찬빠이드ㅓ-ㄴ렌티-쑤-완

3. เราไปสนามบินตอน/ช่วงเช้า
라오빠이싸나-ㅁ빈떠-ㄴ/추-왕차-오

4. ผม/ฉันจะทำงานที่บริษัทนี้ตั้งแต่เดือนหน้า
폼/찬짜탐응아-ㄴ티-버리쌋니-땅때-드-안나-

5. น้องของผม/ฉันไปโรงเรียนตอนแปดโมงเช้า
너-ㅇ커-ㅇ폼/찬빠이로-ㅇ리-얀떠-ㄴ빼-ㅅ모-ㅇ차-오

6. ร้านนี้ปิดประมาณเดือนหน้า
라-ㄴ니-삣쁘라마-ㄴ드-안나-

7. เขาลืมเวลานัด
카오르-ㅁ웨-라-낫

8. นักเรียนทุกคนมาถึงตอนเที่ยง
낙리-얀툭콘마-틍떠-ㄴ티-양

9. แม่ของผม/ฉันชอบดื่มกาแฟตอนเช้า
매-커-ㅇ폼/찬처-ㅂ드-ㅁ까-풰-떠-ㄴ차-오

PART 3 제 9 과

I.

1. ไม่ทราบว่าท่านนั้น/โน้นชื่ออะไร
마이싸-ㅂ와-타-ㄴ난/노-ㄴ츠-아라이

2. ไม่ทราบว่าวันนี้(คุณ)มีเวลาไหม/หรือเปล่า
마이싸-ㅂ와-완니-(쿤)미-웨-라-마이/르-쁠라-오

3. ไม่ทราบว่าวันนี้เป็นวันอะไร
마이싸-ㅂ와-완니-뻰완아라이

4. ไม่ทราบว่าคุณชอบอะไร
마이싸-ㅂ와-쿤처-ㅂ아라이

II.

1. หน่อย   같이 가주세요.

2. ขอ   (저를)일본에 가게 해주세요.

3. ขอ / หน่อย 미나언니/누나랑 말하게 해주세요.

4. ขอให้   태국어 잘 하게 해주세요. (소원 빌 때)

5. หน่อย   도와주세요.

6. หน่อย   무엇이라도 좀 먹어요.

7. ขอให้   좋은 직업 갖게 해주세요. (소원 빌 때)

PART 3 제 10 과

I.

A 1. คุณพ่อคุณแม่ของผม/ฉันมีบ้านหนึ่งหลัง
쿤퍼-쿤매-커-ㅇ폼/찬미-바-ㄴ능랑

   2. ประเทศไทยไม่มีหิมะ(ตก)
쁘라테-ㅅ타이마이미-히마(똑)

   3. เราก็มีเวลาสองชั่วโมง
라오꺼-미-웨-라-써-ㅇ추와모-ㅇ

   4. ที่คังนัมมีร้านอาหารอร่อย
티-캉남미-라-ㄴ아-하-ㄴ아러이

B 1. พวกเขาซื้อเสื้อคนละสองตัว
푸-왁카오쓰-쓰-아콘라써-ㅇ뚜와

   2. เขาโทรศัพท์วันละสิบรอบ
카오토-라쌉완라씹러-ㅂ

   3. กาแฟของร้านนี้แก้วละ(หนึ่ง)ร้อยบาท
까-풰-커-ㅇ라-ㄴ니-깨-오라(능)러-이바-ㅅ

   4. เขาไปเที่ยวปีละสองรอบ/ครั้ง
카오빠이티야오삐-라써-ㅇ러-ㅂ/크랑

II.

1. เขาไปได้   เขาไปไม่ได้

2. คุณใช้สมุดเล่มนั้นได้   คุณใช้สมุดเล่มนั้นไม่ได้

3. ให้เบอร์มือถือได้   ให้เบอร์มือถือไม่ได้

4. อันนี้กินได้   อันนี้กินไม่ได้

117

083 PART 3 제 11 과

I.

1. Q คุณ<u>เคย</u>ทำงานที่บริษัทนี้หรือ
   A <u>ผม/ฉันเคย</u>ทำงานที่บริษัทนี้
   <u>ผม/ฉันไม่เคย</u>ทำงานที่บริษัทนี้

2. Q คุณ<u>เคย</u>ลองร้องเพลงนี้ไหม
   A <u>ผม/ฉันเคย</u>ลองร้องเพลงนี้
   <u>ผม/ฉันไม่เคย</u>ลองร้องเพลงนี้

3. Q คุณ<u>เคย</u>ชอบซอนแทไหม
   A <u>ผม/ฉันเคย</u>ชอบซอนแท
   <u>ผม/ฉันไม่เคย</u>ชอบซอนแท

4. Q คุณ<u>เคย</u>อยากเล่นฟุตบอลไหม
   A <u>ผม/ฉันเคย</u>อยากเล่นฟุตบอล
   <u>ผม/ฉันไม่เคย</u>อยากเล่นฟุตบอล

II.

1. มาก
2. ไป
3. จัง
4. ไป

089 PART 3 제 12 과

I.

1. อาหารดูเผ็ดมาก
   아-한ㄷ두-펫마ㅡㄱ

2. คุณ(จะ)ต้องลองดู
   쿤(짜)떵러-ㅇ두-

3. ผม/ฉันได้ไปดูหนังเรื่องนั้นตั้งแต่เมื่อวาน
   폼/찬다이빠이두-낭르-엉난땅때-므-아와-ㄴ

4. เขาดูไม่สบายนิดหน่อย
   카오두-마이싸바-이닛너이

II.

1. ② 엄마는 동생에게 오후 5시까지 놀게 했다.
2. ① 선태를 자라고 시키다.
   ② 선태가 자라고 했다.
3. ② 누가 당신에게 편지를 줬습니까?
4. ④ 엄마에게 펜을 사드렸다.

096 PART 4 제 13 과

I.

1. เพื่อนของฉันกำลังหาของ
   프-안커-ㅇ찬깜랑하-커-ㅇ

2. เรากำลังกินอาหารทะเลที่ร้านอาหาร
   라오깜랑낀아-하-ㄴ타.레-티-라-ㄴ아-하-ㄴ

3. ผม/ฉันกำลังพูดกับคุณ
   폼/찬깜랑푸-ㅅ깝쿤

4. เขากำลังไปโรงพยาบาลกับคุณพ่อ
   카오깜랑빠이로-ㅇ파야-바-ㄴ깝쿤퍼-

II.

1. มี
2. อยู่
3. มี
4. อยู่
5. มี – อยู่

100 PART 4 제 14 과

I.

1. ไปดู
   빠이두-
2. วิ่งไป
   윙빠이
3. จน
   쫀
4. เดินตรงไป
   드ㅓ-ㄴ뜨롱빠이
5. ไปๆมาๆ
   빠이빠이마-마-
6. เล็กไป
   렉빠이

II.

1. เดินตรงไปถึงคังนัม
   드ㅓ-ㄴ뜨롱빠이틍캉남

2. เลี้ยวซ้ายแล้วเดินตรงไปทางนั้น
   ㄹ리야오싸-이래오드ㅓ-ㄴ뜨롱빠이타-ㅇ난

3. โรงพยาบาลอยู่ด้านในซอย
   로-ㅇ파야-바-ㄴ유-다-ㄴ나이써-이

104 PART 4 제 15 과

I.

1. ฉันชอบเขา<u>กว่า</u>   ฉันชอบเขา<u>ที่สุด</u>

2. เขาตัวสูง<u>กว่า</u>   เขาตัวสูง<u>ที่สุด</u>

3. ร้านนี้ราคาดี<u>กว่า</u>   ร้านนี้ราคาดี<u>ที่สุด</u>

4. อันนี้แพง<u>กว่า</u>   อันนี้แพง<u>ที่สุด</u>

II.

1. ฉันชอบเขา<u>แต่</u>เขาไม่ชอบฉัน
   그는 나를 좋아하지만 나는 그를 안 좋아 한다.

2. ทุกคนไปเที่ยว<u>แต่</u>ฉันไม่ได้ไป
   모두 놀러갔지만 나는 가지 않았다.

3. เมื่อก่อนภาษาไทยยาก<u>แต่</u>ตอนนี้(ภาษาไทย)
   ไม่ยากแล้ว
   예전에는 태국어가 어려웠지만 지금은 (태국어가) 더
   이상 어렵지 않다.

4. คุณหมอให้ผมออกกำลังกาย<u>แต่</u>ผมลืม
   (ออกกำลังกาย)
   의사가 운동하라고 했지만 나는 (운동하는 것을) 잊어
   버렸다.

108 PART 4 제 16 과

I.

1. A 나는 우리가 너무 빨리 온 것 같다.

2. D 나는 기쁘다.

3. B 친구가 오후에 약속 있는 것을 잊어버렸다.

4. C 친구가 약 먹는 것을 잊어버렸다.

II.

1. ฉัน/ผม<u>ยัง</u>ไม่เคยฟังเพลงนี้

2. พี่ไปถึงบริษัท<u>แล้ว</u>   พี่<u>ยัง</u>ไปไม่ถึงบริษัท

3. ผม/ฉันรู้สึกดีขึ้น<u>แล้ว</u>   ผม/ฉัน<u>ยัง</u>ไม่รู้สึกดีขึ้น

109 회화 복습하기 II

I.

h – g – a – b – k – e – f – d – i – c – j – l

II.

A ห้องน้ำอยู่ตรงไหนคะ
  화장실은 어디에 있습니까?

B ห้องน้ำอยู่ในลานจอดรถครับ
  화장실은 주차장 안에 있습니다.

A ไปลานจอดรถอย่างไรคะ
  주차장은 어떻게 갑니까?

  ช่วยบอกทางให้หน่อยค่ะ
  길을 알려주세요.

B ให้เดินตรงไปทางนี้จนถึงร้านสีม่วง
  이 길로 보라색 가게까지 쭉 직진하세요.

  ข้ามถนนหน้าร้านสีม่วง แล้วเข้าซอยที่อยู่
  ด้านขวามือ
  보라색 가게 앞에서 길을 건넌 후 우측 골목으로
  들어가세요.

  ลานจอดรถอยู่ด้านขวามือครับ
  주차장은 오른쪽에 있습니다.

III.

1. Q เบอร์โทรศัพท์ของคุณคืออะไร
   브ㅓ-토-라쌉커-ㅇ쿤크-아라이

   A เบอร์โทรศัพท์ของผม/ฉันคือศูนย์สอง
   브ㅓ-토-라쌉커-ㅇ폼/찬크- 쑤-ㄴ써-ㅇ
   หนึ่งสองสาม สี่ห้าเจ็ดแปด
   능써-ㅇ싸-ㅁ 씨-하-쩻빼-ㅅ

2. Q งานอดิเรกของคุณคืออะไร
   응아-ㄴ아디레-ㄱ커-ㅇ쿤크-아라이

   A งานอดิเรกของผม/ฉันคือการดื่มกาแฟ
   응아-ㄴ아디레-ㄱ커-ㅇ폼/찬크-까-ㄴ드-ㅁ까-f화-

   Q คุณชอบทำอะไร
   쿤처-ㅂ탐아라이

   A ผม/ฉันชอบดื่มกาแฟ
   폼/찬처-ㅂ드-ㅁ까-f화-

3. Q อันนั้นราคาเท่าไร/กี่บาท
   안난라-카-타오라이/끼-바-ㅅ

   A อันนั้นราคา 200 บาท
   안난라-카-써-ㅇ러-이바-ㅅ

4. Q คุณไม่สบายตรงไหน
   쿤마이싸바-이뜨롱나이

   A ผม/ฉันเป็นหวัด
   폼/찬뻰왓

IV.

1. เดิน – เร็วกว่าเพื่อน
   드ㅓㄴ   레오촤-프-안

   ไปเที่ยว – บ่อยมาก
   빠이티야오   버이마-ㄱ

2. เพื่อนเกาหลี – ไปเที่ยวภาคใต้
   프-안까오리-   빠이티야오파-ㄱ따이

   คุณ – พบเขา
   쿤   폽카오

3. หิว – ยังไม่ได้กินข้าว
   히우   양마이다이낀카-오

   เจ็บใจ – ทำอะไรไม่ได้
   쩹짜이   탐아라이마이다이

V.

1. แม่(เป็นคน)ให้ของขวัญผม/ฉัน
   매-(뻰콘)하이커-ㅇ콴폼/찬

   พี่(เป็นคน)ให้ของขวัญเพื่อนของพี่
   피-(뻰콘)하이커-ㅇ콴프-안커-ㅇ피-

2. ผม/ฉันหาหนังสือเจอแล้ว
   폼/찬하-낭쓰-쯔ㅓ-래-오

   ผม/ฉันยังหาหนังสือไม่เจอ
   폼/찬양하-낭쓰-마이쯔ㅓ-

3. ผม/ฉันไม่เป็นไร
   폼/찬마이뻰라이

   ผม/ฉันรู้สึกเศร้านิดหน่อย
   폼/찬루-쓱싸오닛너이

VI.

1. น้องของผม<u>ได้</u>เป็นหมอ
   나의 동생은 의사가 됐다.

   น้องของผมเป็นหมอ<u>แล้ว</u>
   나의 동생은 이제 의사다. (이미 의사인 상태가 됐다.)

   น้องของผม<u>จะ</u>เป็นหมอ
   나의 동생은 의사가 될 것이다.

2. เรา<u>ได้</u>ไปเที่ยวต่างประเทศด้วยกัน
   우리는 같이 해외여행을 갔다.

   เรา<u>กำลัง</u>ไปเที่ยวต่างประเทศด้วยกัน
   우리는 같이 해외여행을 가고 있다.

   เรา<u>จะ</u>ไปเที่ยวต่างประเทศด้วยกัน
   우리는 같이 해외여행을 갈 것이다.

태국어의 시제

태국어의 시제

태국어에는 어형 변화가 없기 때문에 문장 속에 다음 요소를 사용 해 시제를 나타냅니다.

– 시제를 나타내는 조동사 (본동사를 기준으로 앞에 오는 선치 동사와 뒤에 오는 후치 동사로 분류)
– 시간 부사어

한 문장에 조동사와 부사어가 함께 올 수도 있습니다. 시제를 나타내는 조동사나 부사어가 없을 경우 문맥과 상황에 따라 시제를 유추할 수 있습니다. 태국어 시제는 문장 속에 등장하는 조동사에 따라 단순시제와 복합시제로 분류됩니다.

– 단순시제 : 한 문장 안에 시제 조동사가 하나 이하인 경우

1. **불확정시제**	เขาทำงาน	그는 일을 한다.	เขาไม่ทำงาน	그는 일을 안 한다.
	เขาเป็นครู¹⁾	그는 선생이 되다. 그는 선생이다.	เขาไม่เป็นครู	그는 선생이 안 되다. 그는 선생이 아니다.
	เขาสวย	그는 예쁘다.	เขาไม่สวย	그는 예쁘지 않다.
2. **현재시제**	เขา<u>กำลัง</u>ทำงาน	그는 일을 하고 있다.	เขา<u>กำลัง</u>ไม่ทำงาน	그는 일을 안 하고 있다.
	เขา<u>กำลัง</u>เป็นแบบอย่าง 그는 모범이 되고 있다.		เขา<u>กำลัง</u>ไม่เป็นแบบอย่าง 그는 모범이 안 되고 있다.	
	เขา<u>กำลัง</u>เป็นครู	그는 선생이 되고 있다.	เขา<u>กำลัง</u>ไม่เป็นครู	그는 선생이 안 되고 있다.
	เขา<u>กำลัง</u>สวย	그는 (지금이 딱)예쁘다.²⁾	เขา<u>กำลัง</u>ไม่สวย	그는 (지금이 딱)예쁘지 않다.
	เขา<u>ยัง</u>³⁾ ทำงาน	그는 아직 일을 한다.	เขา<u>ยัง</u>ไม่ทำงาน	그는 아직 일을 안 한다.
	เขา<u>ยัง</u>เป็นครู เขา<u>ยัง</u>เป็นแบบอย่าง 그는 아직 선생이다. 그는 아직 모범이다.		เขา<u>ยัง</u>ไม่เป็นครู เขา<u>ยัง</u>ไม่เป็นแบบอย่าง 그는 아직 선생이 아니다. 그는 아직 모범이 아니다.	
	เขา<u>ยัง</u>สวย	그는 아직 예쁘다.	เขา<u>ยัง</u>ไม่สวย	그는 아직 예쁘지 않다.

---

1) **เป็น**은 두 가지로 해석 할 수 있습니다. [~이다], [~이 되다]

2) **กำลัง**이 수식사와 결합된 경우 수식사의 상태를 현재 진행형으로 만들어 줍니다.
   กำลังดี = (지금이 딱) 좋다. **กำลังรีบ** = 서두르고 있다

3) **ยัง**은 [아직]이라는 의미와 [(심지어)~도] 라는 의미가 있습니다. 여기서는 시제와 관계 없는 두 번째 의미는 해석하지 않았습니다.

	เขาได้ทำงาน	그는 일을 했다. 그는 일을 하게 됐다.	เขาไม่ได้ทำงาน	그는 일을 하지 않았다. 그는 일을 하지 못했다.
	เขาได้เป็นครู	그는 선생이 됐다.	เขาไม่ได้เป็นครู	그는 선생이 되지 않았다. 그는 선생이 아니다 . [4]
	เขาได้สวย	그는 예쁘게 됐다.	เขาไม่ได้สวย	그는 예쁘지 않다.
3. 과거시제	เขาเคยทำงาน	그는 일을 한 적이 있다.	เขาไม่เคยทำงาน	그는 일을 한 적이 없다.
	เขาเคยเป็นครู	그는 선생이 된 적이 있다. 그는 선생이었던 적이 있다.	เขาไม่เคยเป็นครู	그는 선생이 된 적이 없다. 그는 선생이었던 적이 없다.
	เขาเคยสวย	그는 예뻤던 적이 있다.	เขาไม่เคยสวย	그는 예뻤던 적이 없다.
	เขาเพิ่งทำงาน	그는 이제 막 일을 했다.	เขาเพิ่งไม่ทำงาน	그는 이제 막 일을 안 했다.
	เขาเพิ่งเป็นครู	그는 이제 막 선생이 됐다.	เขาเพิ่งไม่เป็นครู	그는 이제 막 선생이 안 됐다.
	เขาเพิ่งสวย	그는 이제 막 예뻐졌다.	เขาเพิ่งไม่สวย	그는 이제 막 예뻐지지 않았다.
4. 미래시제	เขาจะทำงาน	그는 일을 할 것이다.	เขาจะไม่ทำงาน	그는 일을 하지 않을 것이다.
	เขาจะเป็นครู	그는 선생이 될 것이다.	เขาจะไม่เป็นครู	그는 선생이 되지 않을 것이다.
	เขาจะสวย(ขึ้น)	그는 예뻐질 것이다.	เขาจะไม่สวย(ขึ้น)	그는 예뻐지지 않을 것이다.
5. 완료시제	เขาทำงานแล้ว	그는 (이미) 일을 했다.	เขาไม่ทำงานแล้ว	그는 더 이상 일을 하지 않는다.
	เขาเป็นครูแล้ว	그는 이제 선생이다.	เขาไม่เป็นครูแล้ว	그는 더 이상 선생이 아니다.
	เขาสวยแล้ว	그는 (이미) 예쁘다.	เขาไม่สวยแล้ว	그는 더 이상 예쁘지 않다.

※ 회색처리 된 문장은 일반적으로 사용하지 않는 문장입니다.

- 완료조동사 แล้ว:

แล้ว는 후치 조동사이며 서술어의 종료 시점을 규정해 줍니다. แล้ว는 함께 온 조동사나 부사어, 또는 맥락에 따라 다음과 같은 의미를 가질 수 있습니다.

■ 이미 (already) 이미 동작이 완료된 상태
■ 곧 (soon) [미래+แล้ว] 동작이 곧 발생할 상태

4) ได้의 의미는 [~이 되다] 이나 부정문 ไม่와 결합했을 때 [~되지 못했다/않았다]와 [아니다]로 해석 할 수 있습니다.

- 더 이상 [ไม่+แล้ว]   동작이 중단되어 더 이상 진행되지 않는 상태
- เสร็จแล้ว   완료하다, 끝나다
- อยู่แล้ว   당연히라는 의미의 숙어적 표현 (แน่นอน과 유의어)

– 복합시제 : 한 문장 안에 시제 조동사가 하나 이상인 경우

แล้ว는 후치 조동사이며 서술어의 종료 시점을 규정해 줍니다. แล้ว는 함께 온 조동사나 부사어, 또는 맥락에 따라 다음과 같은 의미를 가질 수 있습니다.

현재 + แล้ว	เขาทำงานอยู่แล้ว ตอนนี้เขาทำงานอยู่แล้ว เขากำลังทำงานอยู่แล้ว เขาสวยอยู่แล้ว	그는 (당연히, 어련히) 일을 할 것이다. 그는 지금 (당연히) 일을 하고 있다. 그는 (당연히) 일을 하고 있다. 그는 당연히/원래 예쁘다.
현재미래	เขากำลังจะทำงาน	그는 일을 (시작) 하려고 한다.
현재미래 + แล้ว	เขากำลังจะทำงานแล้ว	그는 곧 일을 (시작) 할 것이다.
미래 + แล้ว	เขาจะทำงานแล้ว	그는 곧 일을 하려고 한다.
미래과거	เขาจะได้ทำงาน	그는 일을 하게 될 것이다.
미래과거 + แล้ว	เขาจะได้ทำงานแล้ว	그는 곧 일을 하게 될 것이다.
과거 + แล้ว	เขาได้ทำงานแล้ว	그는 (이미) 일을 했다(하게 됐다).

시제 조동사 위치 확인표

전치 동사					본 동 사	후치 동사	
กำลัง เพิ่ง ยัง	จะ	ไม่	เคย	ได้		อยู่	แล้ว

기/초/태/국/어

2015년 11월 1일 1판 1쇄 발행

저 자 손성경
발행인 최진희

펴낸곳 (주)아시안허브
등 록 제2014-3호(2014년 1월 13일)
주 소 서울특별시 관악구 신림동 1523 일성트루엘 501호

전 화 070-8676-3028
홈페이지 http://asianhub.kr
동영상강좌사이트 주소 http://asianlanguage.kr
이메일 asianhub@naver.com

값 15,000원
ISBN 979-11-86908-02-0 (13730)

_____

이 도서의 국립중앙도서관 출판예정도서목록(CIP)은
서지정보유통지원시스템 홈페이지(http://seoji.nl.go.kr)와
국가자료공동목록시스템(http://www.nl.go.kr/kolisnet)에서
이용하실 수 있습니다. (CIP제어번호: CIP2015034846)

_____

※ 이 책의 수익금 전액은 다문화가정 교육복지 지원 사업에 사용될 예정입니다.